工作與愛

超級菁英的條件

Ryuho Okawa
大川隆法

台灣幸福科學出版有限公司

前言（改訂新版）

本書的舊版《常勝思考 PART 2》，自一九九〇年三月在日本發行以來，受到了二十幾歲、三十幾歲的年輕菁英族群，以及管理階層、經營階層等眾多商務人士的青睞。

另一方面，近年來整個商業環境出現了巨大變化，造成無法看清未來社會的樣貌，進而尋求本書所述說之真實的工作理論的人們，也變得越來越多。

因此，我用另一個更能表現出本書內容的書名《工作與愛》，作為改訂新版再次發行此書。

我衷心盼望有眾多人們，能體會這個「幸福科學的工作論」，獲得真正的成功。

一九九六年　七月

幸福科學集團創立者兼總裁　大川隆法

前言

去年出版的《常勝思考》，不僅在日本全國獲得了非常大的迴響，也成為了銷售數十萬本的暢銷書籍，我身為作者感到很是欣喜。不過，那本書論述的是總體的人生論，身處於商界的人們接連地希望我能夠講述，「作為個別的主題，人們應該要如何推展工作以及處世方法的具體理論」。

於是，我決定將過去片斷思索而得出之「工作的方法論」，統合整理成本書。雖然本書並未言盡所有關於工作整體的面容，但是針對「工作」的世界，我講述了其本質、方法、出人頭地的條件，以及至今未被世人提及的「工作與愛」之間的關係等等，許多著實令人感興趣的主題。

對於每日身處於工作職場中的人們而言，若能仔細閱讀本書各章內容，應該能有各種發現。當然，各位可以從第一章開始逐章閱讀，亦可自由依據興趣，從任何一個章節讀起。事實上，在本書各處都蘊藏著人生的提示，皆是能夠讓你確實開拓自身夢想的方法論。

透過反覆閱讀本書兩遍、三遍，不只能讓你成為商界的勝利者，你也絕對能在「人生的王道」上突飛猛進。

一九九〇年　一月

幸福科學集團創立者兼總裁　大川隆法

目　錄
Contents

前言（改訂新版）……2
前言……4

第一章
工作的本質……13
1 人的本質與工作……14
2 工作與報酬……20
3 為工作竭盡心力的三個方法……25
①第一個方法——知天命……25
②第二個方法——心懷熱情……27
③第三個方法——感謝的心……29

第二章

工作的方法

工作的方法 35
1 把握核心概念 36
2 明辨輕重緩急 41
3 確立和改善人際關係 47

第三章

嶄露頭角的條件

嶄露頭角的條件 55
1 何謂嶄露頭角？ 56
2 嶄露頭角的第一條件：體會工作的喜悅 59
3 嶄露頭角的第二條件：成為有用之人 65
4 嶄露頭角的第三條件：擅於用人 71
5 如何研究人的本質 76

第四章 何謂真正的領導 81

1 何謂肩負新時代的領導 82

2 變遷的職業 88

3 探求新境界 92

4 為人類創造幸福的工作 97

5 成為新時代先驅的三個條件 100

第五章 工作與愛 107

1 愛的本質與工作 108

2 工作中貫穿著愛的法則 112

3 滿足他人的需求 115

4 服務精神與愛 119

第六章 休息的效用 123

1 靜的幸福 124

2 從獅子的生活模式中學習 127

3 以最佳狀態迎接工作 131

4 休息的積極意義 134

5 將時間效率提升到最高 137

第七章 活用時間 139

1 活於高濃度的時間 140

2 時間的浪費發生在工作和學習當中 144

3 「柏拉圖法則」與時間 147

4 勝負取決於百分之二十的時刻 151

5 集中精力創造高效率 156

第八章 人的可能性 161
1 向上進取的具體方策 162
2 開拓人生的意志力量 165
3 將悔恨當作前進的動力 169
4 將事物理想化的能力 173
5 殉聖之心 176
6 身在世間活於實相世界 180

第九章 人生與餘裕 183
1 心有餘裕能預防消極思考 184
2 孩童時期所獲得的教訓，打造出人生的雛形 187
3 凡事皆事前準備的人生態度 192
4 經濟安定的重要性 196

5 有備無患 201

第十章

健康生活的祕訣 205
1 保持健康是每個人自己的責任 206
2 將部分的收入用於維持健康上 209
3 將一定的時間花在運動上 213
4 積極地為增強體力做投資 215
5 預防疲勞的方法 220
後記 226

第一章

工作的本質

1 人的本質與工作

工作，對大多數人來說是理所當然的事情。

完成了學業之後便要進入社會，等待著你的當然就是工作了。有了工作才能有薪水，有收入就能使生活有保障，也可以從事一些娛樂性活動，這是連小學生都明白的道理。

我們可以將人生分成兩個階段來考慮。

前半生主要是為自己打下基礎，在這段時期裡不會有什麼價值性的創造或經濟上的收入。學生時代只要認真念書學習、使身體健康地成長就可以了，這個時期多需要仰賴家庭支援。

後半生則開始投入社會工作，對社會做出某種有價值的貢獻，隨後，可以得到作為對等報酬的薪水，用來扶養家人、妻小。

只不過，工作並不單純只是為了養家活口，同時也是為了自身的成長，使自己的想法得以實現。

因而，現代的婦女多有轉進職場的傾向。此外，尚在學校就讀的學生，也有許多人很早就有了打工的經驗。

我希望各位能夠認識到，每一件事情皆有原則及例外，而我在下文將從原則性立場來闡述工作的由來。

首先，我要強調：人們大都會對自己的工作感到不滿意，但有沒有想過，應該對在這個世上能有一份自己的工作表示感謝呢？

試想，沒有工作的生活將是何等的枯燥無味啊！

當然，世上也有像達摩大師那種「面壁九年」而坐的奇人。然而，坐禪雖然不能帶來什麼金錢上的收入，但其行為本身就已是引導後世人的一種工作。

倘若讓一個「俗人」也同樣面壁九年的話，那只會得到世人對他加以非議，如「怪人」、「不會動彈的人」、「賺不到錢的人」等。

人的本性本來就不願意每天無所事事。我認為，工作的需求是人的天性，是做人天生的本分，而不是後天的性質。

當然，在觀察動物時，也可以看到牠們在捕捉和找尋食物的時候，似乎發生了工作行為，但這樣的行為有一定的模式，而且極難超越這些模式。

譬如說，海獺可以潛入水中撈起海貝，做出仰泳的姿勢，把海貝放在肚子上用石頭敲打，打開後食用。這的確不像是普通動物做得出來的行為，乍看之下彷彿是一種工作行為。

但海獺頂多只是為了填飽自己的肚子，才遺傳了敲打海貝的動作，看不出有什麼超越的可能性。

假如海獺不僅在肚子上敲打貝殼，還在肚子上開始做加工業的話可就了不得了。正因為牠無法做出進一步的高級行為，所以海獺只能被稱為海獺。

海獺以外的動物也是一樣。譬如說，綿羊留長了自己的羊絨，好像也可以算是一種工作，但沒有人會認為綿羊本身潛藏著要讓毛長得更好的偉大意識。

也就是說，羊毛的用途雖然很大，但綿羊本身並不是因為充分理解到這個目的才長出羊絨提供給人們，而是由於牠天生具有長出豐厚絨毛來裹身的習性，羊毛是在這種本性的基礎下所產生的。

如此把人與動物做比較，就可以明白其間的根本差距。世間生命所具備的創造能力，是與各自的本性相對應的。

雞能生蛋，但叫牠生出別的東西的話，是做不到的。雞也做不出蛋類料理，也不會拿自己生的蛋去交換其他東西。雞僅會順著一定的模式前進。

相反地，人卻可以用同一種材料創造出各式各樣的東西，並且能在這樣的過程中感受到創造的喜悅，體會到與創造了大宇宙的根本佛的同樣心境。

如此看來，工作本身是與人的本質極為接近的。也就是說，佛為了使人能夠體會到同樣的創造喜悅，才賜予了人工作的機會。

2 工作與報酬

佛賜予的工作，在經濟法則之下自然不會是個單行道。只要做出有益的工作，就能夠獲得相應的評價。這個評價除了金錢收入外，也有在社會上嶄露頭角、獲得相應的地位、得到許多人的稱讚，而使自己的靈魂體會到喜悅等等。

佛本來可以創造只須做單純努力就好的人來，為什麼要特意創造付出了努力必得報酬的人呢？那是因為這樣的創造，蘊藏著能讓人永不停歇進取的祕訣。

比方說，如果只讓高級餐館的廚師老實地做菜，而不許他品嚐，那麼，這位廚師在這個行業上也就待不久了。若要求廚師調理法國餐或日本料理，卻立下廚師只能吃茶泡飯，不可以吃其他食物的規則，廚師在這行業就難以生存了，或者無法對這份工作感到自豪，佛是不會訂立如此規則的。

做為工作的報酬形式有很多，舒適的住宅、溫暖的家庭、經濟的富裕以及各種自由的權利等等，進而能使此人想在工作上不斷地接受磨練。

雖然聽起來很類似利己主義，但純粹把焦點集中在利己之上是有問題的。我們必須認識到，這當中其實包含著佛的偉大意圖，即「為了讓人們透過工作而有所進步」的博大慈悲。

我要在此強調，工作必然有報酬。如前文所述，這個報酬不一定是金錢，也可以是透過他人的評價等形式來促進自身的人格形成，以及社會地位的形成等。報酬的形式雖然多樣化，但報酬必定是工作伴隨的結果。這種說法的根據，在於工作本來就是有用的活動。有用的活動指的是能夠生產出利益的活動，反之，如果這個活動不能生產出利益來，也就不會得到報酬了，這就是工作能夠獲得報酬之緣由。

所以，給人添了麻煩、使公司受到損失的人，拿到薪資會感到良心有愧。這是因為此人心裡很明白，自己造成了損失卻拿了不應該得到的工作報酬。不管是公司的能人還是什麼重要人物，如果給公司帶來了致命性損害的話，就會被降職、減薪，或被公司開除。

工作就是這樣，必須符合有用性和價值生產性的原則，隨後才會獲得報酬。

人們需要認識到，做好工作就能得到報酬，這是值得慶幸的事，也是自然而然的結果。

但同時也務必要認識到，工作的前提就是要竭盡心力，在工作中找出值得自己奉獻出生命的價值。在此之上，有報酬、也有喜悅。相反地，馬虎行事而得到報酬的話，內心就會產生一種罪惡感和空虛感，或是下意識地感覺自己犯了錯。

敗家子之所以讓家業不振，原因多在於此。繼承了父母留下的巨大財產，自己卻感覺不到工作的意義，為了掩飾自己的空虛，便沉溺於揮金如土的生活中，最後終至破產。

這種人的特徵，就是沒有在工作上拚命就得到了豐厚的報酬，於是，從內心罪惡感中滋生出的麻醉液，麻痺了感覺、模糊了理性，反而去做傷害自己生命的事。

環視人間世界，為工作竭盡心力卻失敗的人是不多的。耶穌・基督為真理鞠躬盡瘁，獻出了生命，他在世時雖然沒有得到任何地位和財富，但他畢竟獲得了工作報酬——兩千年之後，他被人們當作師表、聖人而倍受尊敬，他做出的偉績自然獲得了相應的報酬。

明確地說，不可能為了工作奉獻，卻完全得不到報酬之事。當心懷感謝地接受這份報酬時，就能感受到靈魂的喜悅。

3 為工作竭盡心力的三個方法

①第一個方法——知天命

接下來，要講述如何為工作竭盡心力。首先，其必要前提是「知天命」。如果看不透自身的天命，也就很難在工作上竭盡心力了。

一個有高壯身材，卻始終熱衷於讀書的人，不大可能叫他立志去當一個出名的棒球選手或是職業摔角手，他不大可能在體育運動上拚命。因為此人打從心裡發現，他在學習中找到了人生的意義。所以，不管他的體格如何適合當個職業選手，如果不符合自身天命的話，他是很難在不情願做的事情上奉獻自己的一切的。因此，發現自己天命之何在，是重要的前提。

有許多的上班族，無論怎麼找也無法從現在的工作中發現自己的天命。其實，社會上有許多轉換跑道的機會，當傾注精力去找尋自身的天命，當你確信已經掌握到真正的天命之後，值得你投入整個身心的工作就會出現在面前。

總之，發現天命很重要，其重要性可以說佔了成功工作要素的一半。有奇才之人若在非天命之處施展，是不會有大成功的。讓一個神筆畫匠去做辦公室裡的雜務，會弄巧成拙；讓天才科學家去寫詩，也許會出現畫蛇添足之作，每個人都有與自己最為相配的場所。因此，首先要問自己是否找到了恰當的工作，耐心地尋找能夠揚長避短、發揮才能的場所是極為重要的。

②第二個方法——心懷熱情

能夠為工作竭盡心力的方法之二，即「心懷熱情」。

世上有許多頭腦聰明的人，但是這些聰明人並不一定都能在工作上做出什麼名堂來。雖是聰明人，卻沒有值得讚賞的業績、沒有令人羡慕的地位、沒有得到高額的報酬，我曾對這樣的現象感到好奇，於是做了仔細的觀察，得到的結論即是缺乏熱情。即使聰明過人，倘若缺乏熱忱，也就不可能開拓前程，有熱情才能使工作精益求精。

好比燒製陶器，有了名匠好手，有了上好的黏土和釉，做出了完美的造型，但如果燒製時爐火的溫度不夠高，也就做不出理想的陶器作品。燒製出艷麗光澤的陶器所不可少的火溫，就是熱情。即使有再好的材料和設計，若缺乏熱情，仍是創造不出一級精品。

耶穌．基督完成了如此聖業，因為他有熱情。蘇格拉底是個頭腦極聰明的人，他在人類史上留下偉名，也是因為他有熱情。孔子遊說諸國的根本動力也在於熱情。

釋尊留下了崇高的教誨，也是由於有熱情。從前人們曾把頭腦聰明的人說成是「像釋迦牟尼一樣的人」，但只是頭腦好是完成不了這般偉業的，還必須有旺盛的熱情。

有過人的才智卻被埋沒，最後只能是個悲劇的結局。不屈服於被埋沒的逆境、堅持磨練到底，使光彩放射出來，這個力量就來自於熱情。

工作需要有體力、有智力，但勝過一切的是熱情。只要對工作懷抱熱忱，定能開創出新的天地。

此外，家庭生活也是一樣。充滿熱情的家庭生活，能夠使夫妻同在社會上更加勤奮。請讀者們切莫忘記──熱情是勝過一切的財寶。

③第三個方法──感謝的心

為工作盡心竭力的方法之三，即應該相信有世人眼睛所看不見的力量存在。

這麼說可能會使現代人認為是老舊、是迷信，但這是真實存在的事實。

在這個世界上有著數百萬的企業，在這龐大的數字之中，有許多公司是背著赤字在經營，另外也有只是收支打平的，也有將就著能夠應付職員工資的。但在這數不清的企業和公司之中，為什麼會有脫穎而出、出類拔萃的公司呢？為什麼它們能不斷地發展，成為巨大的世界性產業，在企業界鶴立雞群呢？

究其因由，其一，當然是人們的勤奮勞動，除此之外，難免會感到在此之上有個非比尋常的「運」在運作。我認為，無論是對個人還是對整個企業來說，都會有「運」的影響。

接下來，我們試著探討這樣的問題：如何才能承運而為？如何才能借助這眼睛看不見的力量？

其實，如果要在工作上竭盡心力，就要堅信自己的運。堅信自己正接受來自佛神的庇護，深信自己所做的工作會使佛神喜悅。

如果在這裡說佛神會讓你感到遙遠的話，那麼，你也可以試著去體會家族祖先，或曾與自己有關的人在為自己的工作高興，這種影響是很大的。

企業接班人往往到了第四、五代時就走下坡的原因，多是對創業者、對前輩的勞苦沒有做充分的報答。一旦忘記了原來的出發點和初衷、忘記了對創始人的感謝，公司的運氣就會開始不好，同時，公司經營者的運氣也會惡化。

這就是說，為工作盡心竭力的方法，即是讓自己成為能充分接受佛神，或是其他德高望重之人指導的人。當感覺到自己做的工作可以使他們欣喜的時候，我們就能做出竭盡心力的工作成績，所謂的運也會隨之大開。

如果換一種說法，也可以把它說是信仰的問題。若是不喜歡「信仰」一詞，也可以說是感謝。對根源性的存在要懷有感謝的心，對崇高的存在也要懷有感謝的心。若沒有為偉大的存在而努力的氣概，也就不可能在社會上嶄露頭角。

頭腦聰明但沒有什麼發展的人，大都只會站在評論家的立場對他人品頭論足，這種人不但沒有感謝之心，也沒有熱情。在熱情激發出來的動力之中，存在著對偉大的存在抱持著感謝之心。

而對心懷感謝的工作者報以冷笑的人，則是可憐蟲。不畏這些人的冷笑，一如既往、努力進取、精益求精，就一定能取得成功。

我深切感受到，要工作就要傾注畢生的精力，投入全身全靈，要把這看成是天命，心中懷有熱情，接受來自偉大存在的庇護，進而突飛猛進。

第二章

工作的方法

1 把握核心概念

我在前面已指出，對人來說，工作具有很重大的意義，而且要在工作上竭盡心力。可是，怎樣做才能說是獻身在工作上了呢？這就需要具體說明如何才能使工作成功的方法論了。

談論工作必然涉及到各行各業，我在此得先指出，想要依據這個方法論生搬硬套，處理好各種事物是有些勉強的。我推測本書絕大多數讀者是在公司工作的人，因此我想要多加敘述對實務性工作有所幫助的內容，同時，我認為這種思考方式也能適用於其他行業的人。

首先來談一談，一般公司職員取得工作成功的必備方法論。

第一，務必儘快地把握工作的整體輪廓和概念。

這是首當其衝的問題，不是每個人都能夠掌握工作的整體輪廓。有的人只需一天的時間，就可以做到大致上的了解，有的人則是需要花上一年半載的時間，才能摸得著工作的頭緒，這兩者之間會有很大的差距。即使如此，仍很難就此差距來斷定每個人工作能力的高低，只能說是人的性格不同罷了。而且從長遠的觀點來看，也難以斷言哪種性格有利。

但是，身處於競爭社會的今天，如何盡快把握住工作的中心概念，則顯得極為重要了。既然如此，又該怎樣去做呢？我認為，首先要將工作分成「大、中、小」三個視野來判斷。

「大」，是指把握「究竟什麼是公司本身的經營目的」，既然身為職員，就要理解公司的使命為何。經營房地產的公司自會有其經營策略，同樣，金融業、貿易業、製造業等，也都有其各自的經營理念。也就是說，以商品買賣為主的公司、以生產產品為主的廠商，以及金融流通行業等等，各自有不同的中心概念。若能事先有所掌握，即使日後社會流動激烈，也能夠審時度勢。

其次是「中」，這是指自己具體在公司隸屬於哪個工作部門，這個部門負責著什麼工作、承擔著怎樣的責任，務必要儘快做到對「中」的明確認識。

最後，「小」的部分就是指自己的職責問題了。自己應該做什麼、又應該怎樣去接受和承擔，這些問題是無法迴避的。尤其是在與前任工作者交接時，更須盡快地掌握住自己的工作職責範圍和內容。

雖然一般來說，多是進了公司後，先從交接開始，再對各方面的實務邊做邊學。但是，身處發展快速的商界當中，能夠快速從「大、中、小」三方面把握工作中心概念的人，會被視為優秀的人才受到歡迎。

依此來看，在轉換工作的時候，之前凡事都只靠自己，在「小」的部分上很有自信的人，若到了工作方法全然不同的新公司，就有可能出現致命性的大閃失。因此，從初期階段就明確地認識公司工作的「大、中、小」是很必要的，而且越快掌握越有益。

總之，當處於就職或轉換跑道之際，首先要弄清「公司的經營思想是什麼，屬於哪種行業、哪種性質，是怎樣的活動形態」等等。其次是要搞清楚「自己所屬部門承擔著怎樣的工作業務」。最後，則是要理解自己的工作內容。

能夠對公司概要做出設想的人，就能夠提早適應今後社會的變化。相反地，只是甘做齒輪上一個小小齒輪，缺乏變化的人終究是要落於人後。

2 明辨輕重緩急

第二，從內容上設定工作的先後順序。

通常來說，一般的公司職員若將其一天，或者一星期、一個月的工作內容做細緻分類，大致上都有一、二百種之多，若從業務種類上來分的話，至少也在百種以上。在寫工作交接清單的時候，應該可以輕易寫下上百種的工作細項，多數人面對如此之多的工作，都能逐漸應對自如。

在開始工作時，首先需要對自己的工作內容進行整理。做事不能

漫無目的，應該要搞清楚工作的種類，整理出工作的輕重緩急。什麼是不可缺的工作？次要的工作是什麼？隨後要做的是什麼？依次整理出來。

即使工作細項有百種之多，其中最重要的項目最多也只有二、三種而已，次要的工作有一、二十種。而剩下的七、八十種工作，大多數是為了完成前面工作的附帶性業務。

既不能把附帶性的工作收拾乾淨，又不能把握住哪些是最重要的工作，這就是不會做事之人的特徵。

譬如，以製作一張表格的工作來說，可能會有人在尚未理解表格的目的為何時，就為了做好表格而一整天都在敲打電腦。這類程度的人，也就做不出更進一步的判斷了，因為這種人已把敲打電腦，視為主要的工作。

與此相比，稍有遠見的人，則會在做之前，去思考這張表格的使用目的是什麼。而更有工作能力的人，則會從整體的觀點上做考量，得出更高的見地，看這張表原本是否需要？如果沒有需要，是否可以用其他文件代替？甚至是否根本就沒有用處？自己是否正在做完全沒有效益的工作？

在工作中，必須明辨工作的整體，要看得出哪些是關鍵性的工作、哪些是輔助性的工作、有無工作上的遺漏等。隨之，還要考慮這些輔助性的工作，到底具有多少生產價值？哪些工作必須自己親自下手？這工作如果由別人來做是否會更有效益？這工作本身是否本來就不需要等等。

如果持這樣的觀點，就會發現有許多沒有效益的工作。這些錯誤多是源於弄錯工作的先後順序：先從無關緊要的工作開始著手，然後才做核心的工作。這會使無益的工作逐漸堆積成山。因此，先從核心部分下功夫，才是良好的工作方法。

首先，可以把工作的細項寫在紙上，排列出來，把它們分成A、B、C等級。看看欲完成A級工作，是否就必須先搞定B級工作，隨後還要再判斷C級工作是否真的需要等等，接下來便是停止做那些沒有效益的工作。

此外，在考慮效率的問題時，可以將那些自己應該做的工作，以及那些不需要自己做的工作劃分開來。如果有一些需要高度判斷的工作，或者是做為管理階層需要親力親為的工作，那就不要花太多時間在其他無關緊要的工作上，應該於本職工作上全力以赴，找出邊際效應最高的工作方法至為重要。

這種思考方法也適用於一天的工作優先順序上。在工作中，往往同一時間裡會有不同的工作插進來，令人難以應付。這就需要把一天工作的優先順序做調整。

大致上來講，同時插進二、三個以上的工作，就容易讓人忙昏了頭。這時必須立即做出判斷：「這是十萬火急的工作呢？還是一個小時後、或下班前完成即可？甚至明天再做也沒有問題？」因此，能夠判斷工作的先後是很重要的。分不清工作先後的人，常會將程序顛倒，重要的工作反而拖延到後面才做，這種人會被視為不會工作。

公司有上下階級，要理解應該將什麼呈報給上司、上司需要什麼。如果只報告邊邊角角的事項，而忽視了重要部分，就有可能使工作的效率急劇下降。

這第二項工作方法，即是根據工作的重要性設定先後順序。我相信，一旦掌握了這個方法，就能夠成為工作上通達無礙之人。

3 確立和改善人際關係

第三個工作方法，是要確立和改善人際關係。人與人之間的關係既需要予以確立，又需要加以改善。

從原則上來講，工作不會是一個人單獨做的，也不可能一個人獨自開立一間公司而不與他人接觸。是公司就必然有上下、左右的關係，應該把自己置於這個人際關係座標的軸心之上。

這個座標有四個方位，可以在第一象限、第二象限、第三象限和第四象限上把與自己有關的人進行分類。

在自己的上方（第一象限、第二象限）是比自己職位高的人，在自己的下方（第三象限、第四象限）是自己的部下、後輩等。

繼之，位於同一條線上的人，就是在公司與自己處於相同地位、同等分量的人。這個座標可以簡單地標示出你在公司內的地位，也可以看作是一個部門內部的上下關係。

指向四十五度角上方的箭頭記號，就是你晉升的方向。緊隨你之後的就是軸心以下的人們。

也就是說，將公司的人分類是一件要事。

在座標軸心的左右，表示能力度和優秀度。自己處於座標的中心點，將比自己能力高的人劃分到右側（第一、四象限），工作能力遜於己的人則劃歸到左側（第二、三象限）。

如此一來，就可以看到在右上方第一象限上，是既比自己優秀又比自己職位高的人。而在左上方第二象限上的人，雖然職位比自己高，但從能力上來看，若不考慮年齡等因素的話，自己有可能超越這些人。左下方第三象限上的是能力不如己的後輩。右下方第四象限上的人雖是後輩，卻似乎具有超過自己的能力。

依上述把自己設定在中心位置上，可將所有的人際關係整理出來，看清自己的所在。

事實上，從第一象限到第四象限中，對自己的進步有最直接影響的就是第一象限的人。首先，可以把在自己的人際關係中，將既有能力又身居要職的人寫在第一象限上，這些人掌握著你能否嶄露頭角的關鍵。因此，把他們作為進取的目標，當受到這些人的重視和欣賞時，你就有可能被提拔，會更有發展前途。

接下來，是把能力雖不高卻身居高職的人寫在第二象限上。由於這些人地位高、能力低，所以多會對你的工作能力持有戒心。這樣就能做出相應的對策了，也就是說絕不可過度地刺激這種人。同時，對這些人要保持一定的距離。具體來說，不要讓這些人在心理上感覺自己被超越，不要咄咄逼人，也不要斷定他們就是無能。

如果這些人是自己的上司，就要用與之相應的對待方法，在心中保持距離，切不要與其站在同一立場，甚至是心生優越感。要想辦法讓這些人在工作上順暢，並且讓自己的工作不被這些人打擾。因為若有不慎，則可能受到這第二象限的人的嫉妒和中傷，而被迫降職或調差，因此要謹慎用心。

而對待這些能力不如自己的第三象限的後輩時，要像是領袖率領部下那般，可以當成是政治家與民眾之間的關係來看待。要使第三象限的人知道你比他們優秀、走在他們的前面。這些人的注意力會放在如何來跟隨你，或是如何才能贏得你的信賴。換句話說，他們最關心的是跟隨你能否開創未來。

所以，對第三象限上的人就要像政治家關心民眾那樣，要真心地去愛護、體貼。要像對羽翼下的幼鳥一樣，用博愛之心發揮自己的領導力。

這些人在能力上尚無競爭力，所以是不會超過你的。但如果讓他們感到自卑、失去自信的話，反而會造成你在工作上的負擔。他們同樣是支持公司正常運轉的力量，所以使他們能愉快地工作是很重要的。兵無士氣，功將難成，只知指責他們是無益的，要為他們創造出能夠拚命工作的環境，從多方面進行照料。

最後，是在第四象限上比你有能力的後輩，對待這些人可就沒那麼容易了。在各位的職場中，或許存在著幾年過後將有可能超過自己的人。你的器量到底有多大，從對待第四象限上之人的態度上，便可以一目了然。

出色的上司其手下也會是有能力的人，使用無能的部下往往做不出什麼有名堂的事情來。這就需要養成能夠發揮優秀部下才能的器量，這是為將者之器。

然而最重要的是，切不可對他們的才能產生嫉妒心。要誠心地誇獎他們的才幹，使之有進一步施展的餘地，這樣自然會結成彼此相互信賴的關係。有才者願為重才者拚命，願為賞識自己才能的人捨身。所以要愛才，讓他們發揮出個性。這樣，有才能的人自然會考慮助自己的上司一臂之力，使之水漲船高。

必須認識到，雖然自己有才能，但在組織中孤軍奮戰是不會有什麼大出息。只靠自己個人的力量而沒有外援，是不可能嶄露頭角的。為此，如何運用這些優秀人才，其重要性非比尋常。

在做了這些努力之後，對於自己的命運如何，就要做好聽從天命的準備。真心去庇護有能力的後輩，不要過於擔心日後他們會變得比自己偉大。要有著敢於承擔現實的勇氣，聽從天命。若是身為上司，就要提醒自己如何在愛才之上用心。

在這種努力的過程中，自己所處的軸心將會逐步地向上移動，向著四十五度角上方的第一象限，向著最右上方的頂端延伸。

要讓工作做得更完善，就必須處理好人際關係、促進與他人之間的工作交流。這時切忌感情用事，要掌握住感情的問題。

只要明白畫出所有人在四個象限上的位置，就可以得出與他們交往的良方。

在此我必須指出，對任何人都使用同一種對待方法是行不通的。要根據這四個種類，使用不同方法來決定工作上的人際關係。

今後，如何對工作做出戰略性思考將變得日益重要。如果能設定出大目標，又能在戰術和具體計畫上下功夫，毫無疑問，這會使你的工作、事業蒸蒸日上、穩步發展！

第三章

嶄露頭角的條件

1 何謂嶄露頭角？

凡是努力工作的人，都希望自己能夠在工作上有所成就，有了成績就會去要求他人的賞識。而自己的成績一旦得到他人的賞識，在結果上就可以說是「嶄露頭角」了。

身為公司職員大都明白「嶄露頭角」意味著什麼。此外，企業家親手開拓的事業有了發展，自然也是一種嶄露頭角。著名的小說家、作家是以其成名作為轉折點的，隨後這個人的前後風格、立場和名聲等，都會截然不同，就好像是從小職員的位置晉升到管理階級一樣。

在其他方面還有許多類似嶄露頭角的狀況。例如，雖然不是屬於自己職場工作的份內事，但被街坊鄰居推選為某社區的代表等等，便有可能在另一個天地大顯身手了。

此外，嶄露頭角尚包含了許多範疇。例如，取得博士學位、獲得學歷、畢業於著名大學等，都可以說是嶄露頭角。

總之，現代社會是靠憲法來保障權利平等的，這個平等，是指「可能性」的平等。在一個法治的社會中，人從出生後，無論自己的家庭或貧或富、父母的地位或高或低，都有上學念書的機會，畢業後能夠自由地選擇職業，因此，可以說具有開拓前途的平等機會。從這種意義上來講，平等是受到保障的。

然而，這個平等在透過自由競爭的形式來表現後，就會伴隨著

「嶄露頭角」等現象。

自己要想嶄露頭角，就必須經過磨練的過程。雖說有人能夠走向成功的頂點，但也有人無法如願以償，因而人們通常所說的嶄露頭角是在某種形式上獲得別人賞識的跡象。

除此之外，當然還有著各式各樣的嶄露頭角形式，譬如說，超脫了世俗、存有慈愛之心的人，即使離開了人間世界，從靈性的觀點來看，這個靈魂走向了高次元的境界，無疑也是嶄露頭角。

2

嶄露頭角的第一條件：體會工作的喜悅

嶄露頭角的第一條件，就是必須要喜歡工作。

或許現在讀到這一章的人對此會感到有些意外。但不管你是否有察覺到，要嶄露頭角的第一條件，就是要喜歡工作，在工作上充滿熱忱。

假若你懷著僥倖、一勞永逸的心理而大獲成功，那也只是一時的現象，不會持久。因為這所謂的成功並非靠自己的實力獲得。

好比在期末考前跑到教務處偷看考卷一樣，就算這次考試有不錯的成績也不代表自己真實的實力，更不能說自己以後就能順利地過關斬將，變成優秀的學生。

當你踏入社會，嚴酷的現實就會對自己的真實能力做出驗證。用竹刀來練習劍術即使練得再好，可是一到用真刀時就手軟，這說明了什麼呢？沒有真正實力的人，在兵戎相見時終是要敗陣的。

檢驗自己真實能力的時刻必將到來。即使你能用竹刀施展出令人眼花撩亂的招數，可是一旦用真刀時就呆若木雞的話，也只能說自己還缺少本事。

無論腦中如何出謀策劃、戰前投入多少智慧，一旦在實戰中不能證明自己的實力便是徒勞。在工作上證明實力的意思，廣義地講就是要熱愛工作。在工作上勤奮的人通常也是有實力的人。這事實雖然冷酷，卻必須接受。

對此，可以用畫家作畫來舉例說明。你可知一幅名畫是畫家在多少張畫布、畫紙上描畫，練習過成千上萬張作品後才能誕生？而一幅閃亮之作，即足以成為畫家的榮耀。

假使這位畫家是在畫到第一萬張作品時，創造出耀眼之作，那麼，他之前畫的九千九百九十九張作品是否都是徒勞呢？當然不是。畫一萬張作品的一切努力，就是這位畫家的實力。雖然最後的第一萬張作品成了名作，但這無疑是對他持續描繪了九千九百九十九張作品之努力的褒獎。

嶄露頭角的條件，首先要理解工作的意義、體會工作中的快樂，隨後還要認識到這工作的褒獎是來自於工作本身的報答。

具體地說，對於體會到熱愛工作和工作之喜悅感的人來說，工作本身具有不容忽視的魅力，這樣的人在迎接工作時，眼中會閃現出與眾不同的光輝。

能夠體會對工作本身的充實感是多麼重要的事情啊！希望讀者對這個問題做深入的思考。在工作上付出了辛勞、圓滿地完成了工作之後，那種喜悅的心情定能凌駕於其他快樂感之上。

如果在遊玩、賭博或從事休閒活動時，有感到比工作更有意思的話，說到頭來，此人畢竟還是沒有在工作上充分地體會到真實的喜悅，也因此往安逸的一面逃避。

這就好比一位男子，在接受不到某位女子的真實情愛時，便接二連三地與其他女子放蕩的交往。又好像一位女子，在得不到某位男子的愛戀時，便玩票性質地一個接一個物色其他男子。

儘管工作中有著真正的喜悅，但沒有品味過這份滿足感的人，便只能透過參與其他事情，透過在其他方面從事探險來安慰自己，但最終是不會得到真正的滿足感。

當我們垂垂老矣，回顧七、八十年的人生，總結在數十年間最值得歡喜的是什麼時，就應該說：「我圓滿地完成了如此這般的工作，這樣的結局令人自豪。」因為，沒有任何事情能夠勝過來自工作的喜悅。這種喜悅感，不是偶然從天上落下來的賞賜，而是在不斷從事創造性工作的過程中獲得的感覺。

挖金礦時，不挖到一定的深度是挖不出礦石來的。工作也是一樣的道理，不經過一定的年數、不耕作一定的深度，就必然無法品味到這份喜悅。

這種對喜悅的體會，是從「天職」工作中獲得，與打工的感覺自有一段差距。

當然，打工也會有很有趣的事情，也有可能獲得比一般公司職員的固定薪水還要高的收入，但這些東西不會長久，原因在於其人並沒有把這份工作當作自己的本業來做。打工的收入屬於自己付出勞動的等值交換，要想從中獲得超越性的人生喜悅是不大可能的。

所以說，嶄露頭角的第一個條件，即是熱愛工作，能夠感覺到工作本身的喜悅。討厭工作的人不會有真正嶄露頭角的機會，即使一時得意，也絕不會長久。

這就是嶄露頭角的第一條件。

3 嶄露頭角的第二條件：成為有用之人

簡單地說，第二個條件就是自己在所處的社會、組織當中，做一個「有用之人」，或者說，做一個「有益之人」。

請注意，我在這裡說的不是「有能之人」。因為嶄露頭角的條件不是做有能之人，而是要做有用、有益之人，要理解其間的差別。

多數人容易在這個問題上出現誤解，認為：「自己是個能人，將來定能嶄露頭角。」「自己是有能力的人，一定能得到別人的承認。」「自己有才有能，必有出頭之日。」這樣想當然可以，但必須知道有可能會因此而出現相反的結果。雖然自己有能力，不過關鍵在於這能力在人際關係中如何去發揮。

人的出色才能就好比是把鋒銳的武士刀，但世上幾乎不會有人用削鐵如泥的戰刀在廚房做菜，更不會有主婦揮舞三尺長的日本刀切蘿蔔、番茄等蔬菜來準備晚飯。刀很鋒利，但鋒利的本身也必定伴隨著一定的危險。

出色的能力就好比是這樣的快刀，有用武之地時可以快刀斬亂麻、勢如破竹，但如果用錯了場所，就有可能變成一個危險的工具。我必須在此指出，所謂有能力的人，只有在與其所屬集團的利益結合時，這個人才能成為真正有用、有益之人。

實際上就是說，即使你具有非凡能力，但若是該環境不適合你發揮那能力，那就不要發揮還比較好，如果有所發揮的話，反而可能因此成害。

在工作時便須具備如此審時度勢的眼光，要觀察工作環境中需要的到底是什麼，是刮鬍刀、剪刀、菜刀呢？還是鋸子、錘子、武士刀、割草刀呢？

比方說，某位新進員工非常精通於人事業務，但是很可惜的，此人的能力卻難以得到發揮。如果他因而對上司在人事工作上的差錯做評論，就很可能被上司下這樣的評語：「這小子工作輕浮，還胡亂比劃、多嘴多舌，沒什麼出息。」

也許這位新進員工在二十年後可以坐上人事部長的大位，但至少在眼前，精通人事業務，並非是公司對新職員的能力要求。想要晉升，就必須在適當的時機，發揮適當的才能才行。

我在此要特別強調，在人生的幾十年中，周遭環境對你工作能力的要求絕不止一種，一定是多種多樣的。

這與木匠選用工具很相似，做某項工作需要使用一定的工具。鋸與銼要分別使用，錘與斧也要分開使用。無論你擁有多少種工具，如果不懂得各自的用途是不行的。只有知道如何根據目的分別使用工具，有能力之人才能變成有用、有益之人。

要想做到靈活使用工具，就得經常保養，事先理解每個工具的用途，否則自己的能力就得不到充分的發揮。

若在只有兩、三公分厚的木板上打入五公分長的釘子，木板自然會被釘穿。要知道，把釘子釘進木板本身雖然屬於一種技能，但也可能因此帶來危害。

也許不少讀者對這樣的說法不能理解。世上為自己不能嶄露頭角而感到忿忿不平的人，大都會有這樣的想法：「我如此地有能力，但公司卻從不重用。」

我們必須知道，公司不是為了評定某個人的能力高低而設立的，也不是像學校那樣，是為了評定學習成績。自身的存在價值就在於能否為更多的人謀得利益。

因此，能力越高就越應該努力轉變為一個有用、有益之人。這可以舉高學歷做比喻。有高學歷的人會認為自己有才華，滿懷自信，也會自負於自己是個不同凡響的人。當然，有了這樣的自負，可以在工作上達到出色的成果。

但是，具高學歷、有能力的人如果找不到施展之地，他的這些優越感都是枉然。在這個問題上許多人會有誤解，常常有這樣的人，他們對自己的能力有充分的自信，卻對自身周圍的環境感到不滿，因此而埋怨周圍的人和環境。也就是說，許多人容易把自己不能嶄露頭角的原因，歸咎於自己未受重用。

關鍵即在於自己如何從有能之人轉變為有用、有益之人。即使你的了不得的才能還沒有受到重用，這責任能推卸給誰呢？建造房屋、樹立樑柱之前必須先選材、加工，其次才能立柱，隨後是蓋屋頂，每一個過程都不能忽視。

要時常捫心自問：「究竟自己是不是個有用之人？是否只為自己是個有能之人而自傲？」這就是嶄露頭角的第二條件。

4 嶄露頭角的第三條件：擅於用人

在談第三條件前，我要特別強調，嶄露頭角是指自己站在眾人之上，自己可以擔負起照料許多人的責任。

也就是說，自己的時間會越來越不夠用，於是就需要在自己獨力一人無法達成的工作上，透過他人的協助來完成。

譬如，自己當課長的時候只有五、六個手下，而當了部長後，就要指揮幾個課長，部下加起來會有二十幾個人，當了公司的董事時就要率領百人工作。

因此，需要充分地了解，到底有多少人是需要自己照料的。具體地說，單兵作戰的能力與指揮他人的能力是不同的，對此要儘快地明白。

從個人角度看來很優秀卻總不能成功的人，多半無法指揮他人工作。雖然自己在做推銷員時可以一鳴驚人，可是指揮部下時卻不能順利地完成工作，這樣的事例很多。

這是因為自己一個人工作時，個人能力或許可以得到一定的證明，但是這種個人能力和善於用人的能力是不一樣的。

好比讓一個有好手藝的人去建造巨大的摩天大樓，只靠他一個人是無能為力的。讓能做小木屋、塗塗油漆、修修屋頂的能工巧匠去建造大型建築，這就得另當別論了。

因為建造大型建築時需要編組各種專項小組、規劃設計藍圖、籌集建設資金等等，必須有眾多的人進行工作，這就必須具備善於用人的能力。

於是我們可以明確地說，嶄露頭角的第三條件，就是要明白自己的個人能力和擅於用人的能力是不同的，要能區別使用。接著，就要把個人能力逐步向善於用人的能力發展。

假若讓偉大的拿破崙獨力揮動戰刀與百人去拚殺的話，他不會贏，即便僅是與十個士兵拚殺也會敗陣。他個人的力量只能抵擋一、兩個士兵，最多三個士兵而已，在敵手多的情況下幾乎沒有勝算。但倘若讓他率兵一萬、十萬的話，他卻能夠成為一位無敵大將軍。

如果不能明白這個道理，就說明了你離嶄露頭角仍遙遙無期。認為自己只要有能力就足以應付工作的人，只能停留在專門的工作業務上，甚至終其一生都是如此。

當然，人的靈魂具有傾向性，以某個專門業務，追求盡善盡美，自然不是什麼壞事，但如果從嶄露頭角的角度來看，只有這樣是不夠的。

雖然在工作的起點上靠的幾乎是個人力量，但要想捕捉真正嶄露頭角的機會，就要在發揮個人力量的同時，逐步增進對人心的掌握能力，認真地去思考如何才能擅用他人完成工作，這就叫做管理能力。

管理能力的基礎，是正確地觀察人、洞察人之長短。要想在用人方面做到適材適用，就要知道將什麼樣的人配置在什麼業務之上，如此才能使之發揮能力；反之，安排在什麼地方就無法發揮其能力。

由於每個人不一定都能對自己的素質有所自覺，所以要儘快看清他人的素質，這是做為管理階層不可缺少的能力。

5 如何研究人的本質

要想充分地領悟嶄露頭角的第三條件「擅於用人」，就必須重視對人的本質進行研究。

研究人的本質有幾種基本方法：一是將自己投身於人際關係中磨練，從中體會和增長對世事的見識，此為取得經驗的方法。二是儘早找到自己的人生良師，學習此人正確的洞察力、觀察力，從此人如何觀察世人的方法中增長見識。第三個方法較為人熟知，那就是廣泛地閱讀。

書的內容雖然形形色色，但必定有其重要脈絡。其一是偉人的生涯傳記，偉人的傳記是成功的典範。

其次是重要的歷史讀物。知歷史可以知未來，我們能從歷史事件中看到前人怎樣處理複雜的問題，而其結局又是如何。研讀史實可以增強自己的辨別能力，即使將來被捲入了複雜的問題中，也能預見問題的發展。

就像考生在大學聯考之前預習考題一樣，透過學習人類史上曾經發生的過去，來磨練自己對將來的預見能力，這種讀書方法很有效。

一是傳記，二是歷史，那麼還需要哪方面的書呢？是詩歌等文學作品嗎？

你知道人心容易受什麼影響而產生動搖嗎？有的人重視知性，有的人具備理性，但是人在形形色色的條件下，最容易動心的畢竟還是感性。不去激發人的感性便很難動員群眾，這絕非小事。

在磨練感性時，不可淡漠了對文學藝術作品的關心。要了解究竟什麼才能打動人心，要知曉什麼才能激盪人們的胸懷。

閱讀的第四個方向是宗教書。從某種意義上來講，這是個不能迴避的問題，因為宗教書比文學讀物具有更深奧的含義。如能從宗教書中領悟佛神之心，便能在自己的心底樹立起不動搖的軸心。那是在遇到艱難險阻時，使自己跨越難關的中流砥柱。

如果你正在往管理階層發展，就不要吝惜在精通、理解人心上做努力。

以上即是嶄露頭角的三個條件。

第一條件：要能感受工作本身的喜悅，對工作要有熱心、熱愛、熱忱。

第二條件：有能之人未必就能嶄露頭角，所以要做一個有用、有益之人。

第三條件：仔細地分析工作。是個人力量能夠完成的呢？還是超出了個人的能力範圍？若超出個人能力範圍，就要擅於用人。因此，在用人方面還需具備擅於管理的能力，要提高此項能力就不能缺少在各方面的修養。

以上講述的要點在各種場合下都能相互交融，相互關連。希望讀者們能夠把這三個條件銘記在心，作為自己今後在工作上努力進取的指針。

第四章

何謂真正的領導

1 何謂肩負新時代的領導

本章將論述怎樣的人才能稱之為真正的領導，以及作為領導者的條件，並在這個問題上作更進一步的探討。

請讀者們留意，以下的內容已不是對如何嶄露頭角進行一般性的論述，如果說，「真正的領導論」是與靈魂的進步、進化毫不相關的話，這理論的本身就幾乎是無益的。

假使能夠理解人的本質是靈性的存在，自己成為領導的過程亦是自己靈魂進化的過程，那麼從中即能產生無限的幸福。相反地，只是為了滿足自身的權力欲望，就會造成許多人的痛苦。一旦靈魂退化、墮落，也就不配做一個真正的領導了。

當今世界形勢日趨複雜，但在這樣的狀況下，更能檢驗出什麼是做為領導者的真正價值。身處世界各國各地的領導者正在經受著考驗，即使他們是被推選出來的優秀人物，其價值的真偽也必然會在當今的歷史舞臺上接受考驗。

也就是說，在環境有利於那些現任領導者時，其真偽難辨。從這些人掌握的巨大權勢和肆意進退的領導方式上，看不出這些領導者之間有什麼區別。

領導者是否優秀及其真偽，在遇到逆境時便能看得清清楚楚。如果是真正的先驅，在逆境中就不會狼狽不堪。如果戴著虛偽面具的話，一旦處於逆境，就會明哲保身、相形見絀，在行動上亂無章法。之前的佛面會驟然發生變化，像夜叉一樣向損害自己權益的人做強行壓迫。

真正英明的人，即使遇到了誤解、處於逆境，也能夠泰然自若、孜孜不倦、默默地鑽研。他們期望著能夠發揮自己真正實力之時的到來，等待著寒冷過後的春風暖意。關鍵在於是否存有私心、是否為無心的狀態。

本章雖是從國際政治形勢切入話題，但也同樣適用於公司、企業的經營。

假使某個人從事的工作恰巧迎合了行業中的潮流，他就有可能大獲成功。順水推舟，自然會使此人得到嶄露頭角的結果。可是，這個成功是否屬實，此人本身是否為真正優秀的人，類似這樣的考驗遲早會到來。

在人生三、四十年的社會經歷中，不可能總是符合自己的意願行事，不會總是一帆風順。順風得勢者常會在風平浪靜時，或在遇到迎面風驟起時，顯得格外脆弱。在日後不穩定的國際政經形勢下，要做一個真正的領導者去統率集團、指導人們向前，為此就不能只滿足於個人的成功，這是時代的要求。

要問何謂真正先驅者的條件，不如說是在惡劣的環境下，勇於向逆境挑戰的人；在不利的處境中，磨練自己能力的人；對人們厭惡的工作勇於承擔、取得成功的人；在非屬主流的領域兢兢業業努力，終於有了成就的人，這樣的人即是真正的先驅，即是能夠承擔起時代責任的先鋒。

有許多公司是在經濟景氣的時候發展起來的，日後多會不可避免地經受危機的考驗，如果這個時刻的領導者不知該如何處置危機的話，那麼大船會翻沉、飛機也會墜落。只有臨危不亂，在逆境中培養堅韌的精神和體力，才能成為真正的強者。在此特別想告誡年輕人：「絕不要只為了滿足虛榮心而去迎合潮流」、「要勇敢地承擔起他人所不想做的工作，在急風中逆風前行，向艱險做挑戰，這樣做才不枉青春。」

在日本，很多人從一流大學畢業之後到一流公司就職，而後便將個人奮鬥當作終生的目標，這樣的人也常會被視為社會上優秀的人。但是，無論如何我認為只有這些是不夠的。因為這種認識，就好比用數十年的人生去解早已有標準答案的方程式一樣。

如此像解簡單方程式一樣的人生，究竟有什麼趣味呢？相反的，投入身心去解難以得到答案的方程式，當在七倒八歪的奔波中求出了答案時，那時便會欣喜若狂地在心中吶喊：「我終於得到答案了！」這種充實感豈不是更令人嚮往。

我認為，自顧自地試圖解開那誰都能解開的方程式、朝著誰都能到達的目的地奔走的人，是不能稱為真正的領導者。那些聽到了他人對自己「出身明星學校，就職於著名公司，是個優秀人才」的評價後，就自我膨脹而洋洋自得的人，多會在以後幾十年的時間裡，面對悲哀和落寞的結局。

2 變遷的職業

這樣的事實就發生在現實的社會中。

二、三十年前的日本，在「國營鐵路」和號稱「國家鋼鐵」的大型鋼鐵產業就職的人，大多畢業於一流大學，被看作是超級卓越的人才，可是如今，這些企業由於經營不善而民營化了。

此外，政府部門的工作也相同。

自明治時代以來，大多數人認為政府機關的地位、待遇要比民間部門高，所以比較優秀的人才，都會以進入政府機關工作為目標，這種風氣持續了幾十年。但只要看看當前的形勢就能夠發現，這種趨勢已經有了明顯的轉變。

目前在日本，當公務員已不像往年那樣熱門，開始有被受冷落的氣氛了，時代在如此變遷著。

從整體上觀察先進的國家，便會痛感龐大政府機構的弊病。社會主義體制的蘇聯崩潰，原因即在於龐大的國家體制下，普通人的生活並沒有走向幸福。

應該將龐大的政府機構精簡，多建立些「小政府」，將人們的活力解放出來，這樣國家才能夠達到發展和繁榮。

相反地，若將統治力量過多地用在抑制和封閉人們的活力，國家的發展即會停滯，這樣的結果是理所當然的。

從力學的角度探討經濟繁榮的問題，首先可以說，做管理批准、發放認可證等行政機關的人員越多，類似去限制人們的經營活動、管理經營業務的工作人員越是增加，國家整體就會走向沒落。一個國家只有施行信賴人民自信和勇氣的政策，其社會才能走向繁榮。

日本正面臨著對未來之路做選擇的緊要關頭。如果從整體的走向來看，選擇一般人能夠獲得繁榮和自由之路，國家就能走上繁榮發展的方向。

既然如此，政府機關等過去的熱門職業便免不了要出現危機，曾被人視為優秀人才好去處的地方，將逐漸停滯下來。

如今，社會上的職業呈現出五花八門的狀態，因為那些曾被認作「非正經人從事的工作領域」出現了繁榮景象。

依我看來，日後，資訊產業和流行設計產業等，這種形而上的工作將會走紅，而且發展趨勢將會持續。

3 探求新境界

靜觀時代的趨勢，我不得不提醒有志成為新時代領導的人們，常言道：「公司的壽命只有三十年。」在各種產業的潮流中，會有一波接一波的新浪潮。

所以，懷有做時代先驅志向的人，必須把目光轉向尚未開花、尚未成熟、結局未定的世界。只有在這樣的世界中經過磨練、露過鋒芒的人，才能成為引導人們走向前方的先驅者。隨之，在即將來臨的時代中，即使是有學歷的人，也要在自己的學歷不能通用、甚至陌生的

世界努力，為發揮自己的才能竭盡全力。

當今的日本，雖然被稱作「證照和學歷的時代」，但今後將到來的，是一個情願輕易丟掉證照和學歷、勇於向新領域挑戰的人不斷地湧現的時代。

迄今為止，在日本，醫生一直被視為理想的工作，優秀的人才曾不斷地湧入大學的醫學系，畢業之後順利當醫生。可是今後將會看到醫生過剩的現象，會有許多人自問是否適合當醫生。因為在現職的醫生中，有相當數量的人本來就不適合從事醫生的工作。

這與上述在一流企業就職的事例相同。要進大學醫學系很不容易，而一旦當了醫生，便有了高收入的保證，隨之可以受到人們的尊敬。在這種意識推動下做了醫生的人，是不會把醫療事業看作自己的天命、天職的。因此可以預見，在此背景下當了醫生，自然會有不少人感到自己並不適應這個工作。

於是，這些人有可能會在今後反覆地變換工作。今後，做醫生的人也會不惜捨棄自己持有的醫師執照去選擇其他行業，即便理工科的博士、碩士，也有可能不惜學歷而去闖蕩其他新的領域。

也就是說，人們勇於迎接挑戰的時代、寧願做出有風險選擇的時代必將到來。

在這樣的局面下，優秀的人才對前途方向將有兩種選擇。

其一，不華而不實、亦不譁眾取寵，在適合自己技能、學問和經驗的地方孜孜不倦地努力，勇於承擔起不引人注目的工作。在能夠發揮自己技能、特長的行業，或是有發展前途的企業當中，走出一條屬於自己的人生路。

其二，開拓新天地。譬如說，法學系畢業的人成了經濟學家、文學系畢業的人當了工程師、醫學系畢業的人做了商人等等。換言之，就是不顧忌工作是否與自己的學歷、經歷一致，在嶄新的領域中開闢新的前程。

今天的大學教育和專科教育，在教學內容上有許多東西早已過時，無法對將來有明確的啟示。其實，開闢時代前程的方法就在現實社會中，眼前的現象已包含了未來的預兆。要有所發現，就必須用敏銳的嗅覺掌握機會、度過難關。

今後選擇職業時，不管與自己所學的學問是否有關，都要做出抉擇，向上充實生活。明確地說，凡屬於新時代的先驅，都會進一步重視人心的問題，我堅信這一點。雖說這個問題是否屬於宗教，人們的看法不同，但至少可以從心的層面來探討如何使人們幸福。今後，凡時代之領導者願在這方面探求人生意義的時代，必將到來。

當今優秀的人才正流向日漸繁茂的金融業、資訊業，流向能夠獲得高收入的行業。但我認為，這樣做畢竟無法在資訊交流和金融盈利的侷限性感覺中，獲得人生的意義。必須推陳出新，逐步注重對人心、對心靈問題的研究。

4 為人類創造幸福的工作

我可以明確地預言，世界的領導者們將會逐漸將內心的精神世界作為核心課題，朝創造人類幸福的方向上探求。這是我特地在此，想要重複強調的重點。這樣的時代在進入二十一世紀後，將會更是明顯地表現出來。

這種情形，從某種程度上來看是經濟問題的反作用力，是被席捲於經濟鬥爭漩渦中的人們，其思潮所引起的反作用力。這些反作用力，將會把時代引向修正和淨化人心的方向。

今後，對心之問題的探討，也同樣能夠產生出利益，並將形成大規模的事業。

我認為以往以「鋼鐵即是國家」為口號的時代，將轉變為「心即是國家」、「心即是世界」的時代。

具體地說，不要將目光單純地放在選擇何種職業上，在工作和經濟問題的層面，還存在著「心」的問題。

無論從事什麼工作，在工作以外的時間裡，對人的本質做研究、對人的幸福做研究、對心做研究，將成為新時代的潮流。

今後的人們，將迎接大量閒暇時間的社會潮流。這意味著，如何對大量閒暇時間注入生產性意義，將成為一個重大的課題。

因此，能夠向人們講解如何有益地使用閒暇時間的人、讓人們明白在獲取生活食糧的勞動之外尚有更重要工作的人，就是真正的時代先驅。

至今的時代雖然看重學歷和證照，但在未來人們必定會希望尋覓到有著「心靈黑帶」。

5 成為新時代先驅的三個條件

在如此時代潮流中做個真正的領導，其條件與現實社會中的思考基準不同，作為新時代的領導必須具備三個條件。

第一個條件，是在最初二十年左右的前半生中，從客觀上來觀察，能夠被人們承認是個非常優秀的人才。

雖然前面提過，不惜捨去學經歷而選擇前途的時代即將到來，但是，在捨去這些學經歷之前，自己是否已掌握了一定的能力，這是極為重要的問題。不管你是畢業於醫學系、法律系，還是理工學院出身，或是具有什麼技能，就算是個體育選手都不能例外。在人生三分之一的前半生中，建立起堅實的成績，會對今後產生極其重要的影響。因為這是世人能夠承認領導資質的第一階段。這個條件就是要先證明自己的才能和優秀的程度。

第二個條件，要有親臨危機、困苦和處於逆境的經驗。不能只考慮有利的環境，要勇於向困難挑戰。有了這樣的親身經歷，才能在今後的時代中獲得人們的稱讚和尊敬。也就是說，不要只沉緬於過去的經歷，要在嶄新的道路上努力。

第三個條件，是在與自己的過往經歷不同的領域中努力的同時，將兩者統合，去創造嶄新的境界。這同樣是非常重要的條件。

舉例來說，假設某位醫生轉行去經營公司，最初由於他對經營的業務不習慣，所以會感到很費力。可是一旦走入正軌，自己的經營能力得到了提升，他的著眼點就會與眾不同。他的目光會轉向何方呢？通常公司的經營是以賺錢為目的，因此，眼中只有與利潤有關的數字。但醫生出身的經營者會注意什麼問題呢？以保護人的身體健康為職業的人，在做經營工作時，會怎樣去思考呢？

這個人很可能會考慮：「如何經營公司才能對社會全體人們的健康有所幫助，如何才能向這方面發展？」他會構思：「公司的人員怎樣工作才能既提高效率，又能保持健康、生活快樂？」公司的經營理念會在這樣的情況下發生變化。

第一階段的「正」、第二階段的「反」、第三階段的「合」，在如此辯證發展之下，即能夠創造出一個嶄新的世界觀。若使用上述事例說明，這間公司將會把醫學理念體現在具體的經營方針中。

下面再舉一個例子。在金融界工作的人多是經濟學、商管學院或法學院出身，在此假設一個畢業於理工學院的人進入了金融業界。首先，由於這個人的思考方法與眾不同，所以開始時會很辛苦，但日後便有可能在同業中嶄露頭角。

因為，這個人下一步考慮的問題，將是如何充分利用各種數學公式、科學性的預測手段來重新改組金融界，這種全新的思想將為金融界注入新血。

同理，如果法學院出身的人去搞文學的話，又會怎樣地描繪人間社會呢？

過去，搞文學的人理所當然的多是從文學院畢業。法學院畢業的人若去創作文學，其作品或許不僅僅是刻劃人的心理活動，更會涉及現實社會的構成、組合，在描寫現實社會的過程中顯示人心承受的影響。在這種思想下創作文學小說，就會與以往文學家的靈魂趨向有所不同。

如此，以不同的構思開創嶄新的前途，將形成日後的時代潮流。這是值得欣喜的事情，在日後也同樣能贏得世人的喝采。

做一個真正領導的條件，第一，需要在較早的時期，顯現出為他人所認同的才能。第二，讓自己在完全不利的條件中培育和磨練，使才能之花開放。第三，在才能之花開放之地，同時有效地使用自己的學歷與經驗，在開創嶄新的世界上下功夫，使新花盛開。

如此一來，才可能成為一個規劃未來藍圖的先驅者。只有積累了這樣的經驗，其做為領導的資質才能得到人們的肯定。當然，在這個背景中，也包含著對人類心靈取得新的發展和進化的要求。

人類靈魂就是如此器量寬闊。我們可以這樣想：在使心境不斷提高的努力之中，真正才德兼備的人定能得到世人的認定。

第五章

工作與愛

1 愛的本質與工作

若以佛法真理的角度來看待工作問題時，何種態度才是符合佛法真理呢？

首先，必須用佛法真理的觀點去認識工作，知曉其意義何在。

有人認為，這類問題本屬於佛教八正道中「正業」的範圍。當然從理論上來講，在八正道「正業」之中，或許包含有端正姿態、力行工作的論點。但這種看法主要是從反省面去觀察工作問題，我認為只用這樣的觀點看待工作仍不夠充分，還應該做更廣泛的探討。思考一下是否能以更積極的觀點重新看待工作，為工作重新下定義，這是一個重要課題。

至今為止，不知是否有人曾經從工作與愛的關係，來充分認識工作。也許對多數人來說，專心致力於工作，究竟與「愛」有著何種關係，是個難以理解的習題。

即使有人對這個問題曾做過某種程度的理解，但也多是「因為愛包含著對社會貢獻的心念，愛公而無私，因此從這個意義來講，人需要工作」等看法。這個觀點並沒有錯。然而我認為不應該只從公眾角度，或者說只從建設烏托邦的大目標來談論工作，也應該從私人角度去做探討。

如今，我已經從各種不同的角度探討了「愛」這個課題，也說過「愛的本質在於施予，愛具有無償性」、「愛的表現有時溫柔，有時嚴酷，也有時強勁」。在認識愛與工作的關係時，「溫柔」、「嚴酷」、「強韌」即是不能忽視的觀點。

溫柔，對多數人來說，就好比工作的潤滑劑，是強大的推動力。

嚴酷，尤其在「勉勵之愛」中常表現出來。於嚴酷的環境下，能磨練出高超的工作技術，這亦是真理。

強韌，通常是以「責任感」的型態表現出來。譬如，公司的科長、部長，就要對自己的部下負責，公司的總經理不僅要照顧到職員的生活，還要有不斷追求公司發展的熱情等等。

除此之外，還有其他需要考慮的重點，那就是——愛還具有細膩的一面。

這就如同母親在照料嬰兒時所表現出來的愛。嬰兒啼哭時，母親便會苦思，孩子是吵著要換尿布呢？還是要喝奶呢？母親對孩子的照顧是面面俱到。

無論從哪個角度談論愛，都不能排除其細膩的一面。而且不光是母親的愛可以拿來比擬，細膩的愛也能在工作中表現出來。那是什麼樣子呢？

我認為，細膩的愛就是在工作上表現得不出差錯、沒有紕漏。

2 工作中貫穿著愛的法則

若說在工作上不能出差錯，這種說法或許有些嚴格。凡是有過工作經驗的人或多或少都曾在工作上出差錯，人一旦在工作上犯了錯誤，事後多會產生苦澀的滋味，或是在內心譴責自己。

為什麼自己不能好好地工作呢？為什麼自己的性格有缺失呢？為什麼自己總是出錯呢？為什麼自己的頭腦不如別人靈活呢？犯錯的人會產生諸如此類的煩惱。

有些工作雖然能靠一個人獨立作業，但絕大多數的工作都是要與其他人共同完成。工作中有同事、部下、上司或生意夥伴等各種人際關係，在這些相互關係當中就具有一定的工作意義。

其實，這樣的關係和愛很相似。愛，產生於人與人之間，是人與人之間的結合力量，是人與人之間的關係學。而書面文件，就是人們為了溝通彼此才出現的。

書面文件就好比是給對方的公開信件，只不過在這公開信件中，不能僅僅只是為了單純地傳達自己的心思，必定還有其他人需要從這份文件中，找到所需的訊息內容。因此，在繕打文件時還必須同時考慮到上司或別人的立場。

做了一份書面文件，就一定會有另一個人過目，如果文件漏洞百出的話，就等於自己在剝奪他人的時間。從這層意義上來說，或許可以認為，這樣不負責任地工作，即是「奪愛」的表現。

也就是說，在工作上經常出錯的人，就好像是想讓別人來關心自己的小孩子一樣。如果在工作環境中有這類經常出錯的人，別人就不得不總是要替他檢查。如此耗用了別人的精力，在某種程度來說就相當於在奪愛。

若把工作看作是愛的具體行為之一，就要領悟到在工作的世界中，流動著愛的法則，人們必須在工作上思量他人的立場。要知道自己所做的工作究竟是為誰而做，要為人們提供其所需，這是至關重要的想法。

3 滿足他人的需求

如果對於自己的工作太過於拘泥，就有可能會給別人添麻煩。若給此人評價，或許可以說此人還處於彰顯自我的階段，這類人如果沒把工作做到自己能夠滿意的狀態，就無法放手。

當自己的工作有所進展，自己就沉浸於自我滿足的情緒裡。然而，在社會當中，如此想法只能說是靈魂的幼稚。

無論自己有多麼強的工作意願，都必須考慮別人的需求，隨之要盡力去滿足別人的需求。只拘泥於自己工作範圍之中的人，遲早都會成為組織的旁支，最終要被主流排斥。

這也是具有聰明頭腦的人常常失敗的原因。在現實社會中，有些人在剛進公司時還能被別人看作是頭腦聰明的人，但在日後卻被拋到了後面。這樣的人多半像個學究，只想按照自己的意願進行工作，卻不知道公司整體或自己所在部門的需要。

這是被過於追求自我滿足的「知」和形式上的「知」所拘束了，因而不能掌握整體，失去了與他人之間的協調性。這樣的人即使頭腦再好，也會被後人超越，這是個嚴酷的事實。

把這些事例做為參考，便可以將不會工作的人分成兩類。

一類是明確地在工作上能力不足的人，另一類則是雖有過人的能力，卻無法與他人和諧地工作的人。前後兩者如在一個組織中工作，多會給別人帶來不少麻煩。

如果認為「工作也是愛的一種表現」的話，就必須站在更高的觀點上，為報答多數人的願望而努力。

尤其，這個現實的社會，和作家這類追求自己獨特風格的工作行業不同，大多數人是根據各種需要行事。因此，要做高水準的工作，就必須預先察覺他人的需求及要求是什麼。

此外，要盡快了解自己上司的性格，到底上司要求的是正確的工作？抑或是有效率的工作？還是仔細的工作？首先就要知曉上司的要求究竟是什麼。

生活在世間的人，倘若願為社會貢獻，就絕不能無視於別人的需求。世間是由許多人結合所構成的社會，意即人間社會是因為有人與人之間相互的需求才得以成立。反過來說，正因為彼此有需要，才會出現社會共同體。

總之，想要做好高水準的工作，就必須滿足人們的需求。

4 服務精神與愛

從某種意義上來講，滿足人們的需求，也就是為人服務的精神。而服務精神的深奧之處，就是愛心。

讓他人得到滿足之心絕不是膚淺的。以自己的工作為機緣，讓更多的人能夠得到較滿意的服務，便是正確的工作態度。

每種工作的性質雖然不同，但每個人都應該知道，自己若做了給別人添麻煩的事，就是一個奪愛之人。相反地，所做的工作若能夠使人歡喜，就是施愛的行為。

在這個時候，適才適所的思考方法很具關鍵。或許各位都會希望自己能比別人偉大一些，一旦自己真的偉大了，就應該有能力，有愛給予更多的人。若感到在這方面的能力尚且不足時，很遺憾地，自己也許還不是那麼了不起。

假使只是想贏得別人的稱讚、想要高人一等，而不想為別人服務的話，自己所做的事情就有可能在社會上產生惡性的結果。

因此，應該將嶄露頭角看作是佛神的恩賜，在工作上發揮自己最大的長處。「發揮自己最大的長處，盡可能地不讓自己的短處擴大」——這種想法不就是真正的工作精神嗎？

我們必須知道，服務精神是向工作注入愛之能量的巨大動力。不但要有體諒他人的心，還要對工作滿懷熱忱和誠意，以上這些都不能忽視。

想要給予他人一些愛，就必須先在日常工作中投入自己的真心，要理解他人的需求。如果能做到這一點，必能使周遭的一切，都向著美好的方向轉變。

切記，細膩的工作即愛的表現，在這個「愛」中，包含有能洞察他人需求的賢明之心。

第六章

休息的效用

1 靜的幸福

在我至今所講的各種理論中，均有一個共同的思維，就是：「無論在任何情況下都要努力、精進、向上。」基本上，這樣的想法當然正確，並且絕大多數的人也是遵守這一準則來生活。但是當我們考慮人類幸福的問題時，只做單純的努力、把向上當作目標，還不能說就是幸福的全部，這是你我都無法迴避的問題。

幸福應該是一種悠閒、清靜的感覺，不屬於動態的。這種幸福也是人類在千萬年的經歷中，尋找到的閃亮不滅的真理。

學校在夏季裡要放暑假，許多公司和企業也有年假制度，其理由就在於「炎熱夏日會使身體疲乏、甚至中暑，要養精解疲勞就要休養，使身心輕鬆」。

外國人對日本人有個刻板印象，即「會工作，不會休息」。這一點是日本至今經濟繁榮、發展的主要原因之一，也是不能否定的事實。但從一個多少理解歐美人行為模式的人之觀點來看，就會覺得歐美人的思考方法著實有趣。

說日本人好動，不如說日本人一年到頭總是像螞蟻或蜜蜂那樣忙個不停，歐美人的工作觀則與此有些不同。

歐美人對待工作，可以比喻為草原上的「百獸之王」獅子。獅子在追捕獵物時，總要先觀察好何時何物是「最佳機會」，在下了「此次出擊不能徒勞無獲」的決心後，才發揮全身的肌力，全力疾行，強勁、敏捷地撲倒鹿或斑馬等獵物。

相反地，在腸胃得到滿足之後，獅子就會躺在樹蔭或是陽光下半睜著眼休息。這時即使有什麼動物從眼前經過，牠仍然是漠不關心地靜臥養神。

2 從獅子的生活模式中學習

我在談獅子的習性時，便自然會聯想起「彈簧」，即「能伸者定能縮」——沒有只伸不縮或只縮不伸的彈簧。我認為，獅子的生活模式就好比彈簧。

若從螞蟻或蜜蜂的角度來看，也許會覺得獅子如此清閒，一定是個非常懶惰、不勤奮的傢伙。可是當獅子奮起、迅猛地奔跑時，又令螞蟻或蜜蜂難以置信。

對每天必須淌著汗水辛勤勞動的動物來說，獅子的生活模式是很難理解的。

這倒不是故意將這類動物的生活模式做比較。我只是推測，能在世上建立偉業的偉人，或許在他們的生活方式上，多有近似獅子生活模式的部分。

任何人的生命歷程中，都有其最活躍的時候。而人的實力成長軌道絕不是徑直不曲的，其發展具有一定的階段性。

具體地說，人在一段時間裡會產生停頓感，因而為此煩惱，可是一日度過了這個時期，至此積蓄下來的力量就會噴發，一氣呵成，迅猛發展。

所有的人不都是在這停滯及發展的週期中磨練著人生嗎？

重點在於，「關鍵時刻」要能發揮出爆發性的力量。所謂爆發力，即是在攀登、征服眼前懸崖絕壁時的「一氣呵成之力」。

當你一鼓作氣登上了面前的山頂後，眼前就會呈現出遼闊的平原，而當你漫步平原時，又會再逢絕壁。這攀登、漫步周而復始的過程，恰可以比做人生。

對每個人來說，較大的人生試煉在一年中只有幾次，不會隨時都有。

每逢人生試煉的關口時，能否發揮全力、凝聚智力和體力的關鍵，在於必須能夠像彈簧那樣「能伸能縮」，在平凡的時間裡積蓄力量。

歐美人可以理解獅子型的思考模式，而日本人則辦不到。

對日本人來說，即使平時是個勤勞工作的人，但是當別人看到他放鬆休閒的樣子時，多半會把這個人看成是不夠努力工作的怠慢者。

當然，把那種只想休息而不努力工作、學習的人指為懶惰並沒有錯，但我們必須弄清楚休息的意義，休息不僅僅是非生產性的，還具有積極的效果。

3 以最佳狀態迎接工作

二十世紀後半葉，日本人在勤勉和繁榮方面逐步變得引人注目。但要取得進一步的發展，就必須考慮如何運用更深奧的想像力，才能做出更高層建設性的工作。

在此，螞蟻和蜜蜂的思維方式固然十分重要，但也需要有像獅子那樣奮起的時候。我既希望人們像螞蟻和蜜蜂那樣勤勉地生活，更希望在佛法真理上有所覺醒的人，能夠在重要的時刻成為一頭猛獅。

現在，學習幸福科學教義的許多人，都有著優秀的潛在素質、高度的知性，和深厚且先天的信仰心，並且具備著善良、和藹、充滿愛心的人品以及優秀的性格。

如果點燃了這些人內心的火種，就會像熊熊燎原之火，如同猛獅奮起，因為這樣的人具備了敏捷、強勁的力量。正因為如此，才更需要讓思維朝向有想像力、創造力的一面轉換。

當你認為自己已不再是螞蟻、蜜蜂，而是一頭猛獅的時候，接下來就應該思考「獅子為何能具備如此強勁的爆發力」的問題。

理由之一，獅子能夠認準應該在何種特定目標上用盡全力。使出全身力量是為了能夠取得最佳成績，為此，必須讓自己在工作上處於最佳狀態。

若每天都在煩惱雞毛蒜皮的小事，那麼將難有最佳的工作狀態，所以上述的思考方法是值得接受的。

不能老是讓自己處在能量幾乎要耗盡的邊緣，須弄清楚屬於自己責任範圍的工作，到底應該在哪方面注入最多能量，而且要知道如何解決並付出全力，在調整所有的工作條件和狀態上努力。

4 休息的積極意義

我認為，懂得積極地使用休假，是調整最佳工作狀態的好方法。很不會利用休假的日本人，就好像不了解休息本身具有積蓄力量的原理似的。

在經濟學中有一條「收穫遞減」——也可以說是「效用遞減」法則。這個法則的道理在於：「在某個單位上能夠獲得的滿足程度，會隨著單位的增加、過程的延長而逐漸消減。」譬如，空腹進餐時，會覺得第一碗飯的味道特別香，可是第二碗飯就不那麼喜出望外了，到了第三碗食慾已減退，第四、第五碗便吃不下了，這就說明了一碗飯的效用不斷在遞減。

學習的效果也是一樣。若整天都在學習同一種科目的話，能夠學進腦袋裡的量會隨著時間逐步減少。在開始的第一個小時還能集中精力，可是到了第二、三個小時之後精力便逐漸分散了，頭腦中會泛起與學習科目無關的問題，使學習效果遞減。即使收穫遞減，即使內容上怎樣重複、單調，可是對那些以刻苦為主導學習思想的人來說，仍舊會硬著頭皮持續學習十來個小時。

從學習效率上來講，長時間不休息的學習，其效率不如學了一個小時之後即做充分的休息，接下來再學一個小時，然後再做充分休息的學習方法。這雖然不是個單純的問題，卻是個永恆不變的真理。

要想讓收穫持續增加，首先需要適當的休息，學習佛法真理亦是如此。若整天只學同類知識，收穫遞減法則就會開始運轉，出現胃飽填食的狀態，這種人實際上並不知道什麼才是最有效率的學習方法。若收穫遞減的現象顯現時，就要抽出一定的時間休息。譬如，在星期天學習的話，就不要整天都讀書，而要做適當休息後再讀，這樣的效果較好。如果是一個星期的時間安排，就可以利用五、六天學習，一、兩天休息。

若用更長的期間學習，就須拿較長的時間單位來考慮。三個星期用在學習上，則抽出一個星期休息；或三個月學習、一個月休息等。

請讀者們不要忘記，這樣的觀點與單純的怠慢、懶惰不同，這是屬於使收穫持續增加的理論，這就是休息的積極效果之一。

5 將時間效率提升到最高

人若同一個工作做久了，效率就會下降，原因在前面已經提過了。如果這時想休息卻不能休息的話，就可以換個工作項目來做。這種改變刺激的方法，同樣能夠達到與休息相近的效果，即改變心情，以獲得高效益的成果。

改變心情的方法有許多，譬如，在書房讀一本書讀久了，就可以換本書來讀，或者透過讀、寫、聽等不同的方式學習。

此外，也可以用其他方法。譬如，在書房讀書、在臥室聽錄音帶、在客廳用筆記卡片學習，變更場所來轉換心情。總之，在有限的時間內，要想將時間的效率、濃度和密度發揮到最大，就需在各方面下功夫。以上，大致講述了兩個要點，其中要再度強調的是：「休息不是純消極性的，而是繼續提高生產值所必須的手段。」

如果感到收穫、效用正在遞減，就可以調換一下內容，改變環境、改換心情，適當的休息。要在這段時間裡等待自己的體力、氣力、智力得到充實。

一個對閱讀「百讀不厭」的人，若暫且放下書來，過一個星期之後再讀，一定會有更新的感受。要知道這樣的做法與怠慢、惰性截然不同。這是一種為了完成偉業，在人生坎途上必須學習的技法。

請讀者參考本文，自己去掌握應如何跨越暗礁的技術和方法。

第七章

活用時間

1

活於高濃度的時間

人能否幸福，不是指有無某種程度的不幸經歷，而是指在其人生的階段中到底具有幾分光彩。這是說，觀察人生的方法，有以「事件為中心」和以「時間為中心」兩種。

如果想要提高人生總分，最重要的是必須始終保持兢兢業業，提高每一時間的平均成績，而這就需要認真深入地思考「時間」意味著什麼。

一天由二十四小時組成，這是誰也歪曲不了的常識性事實，亦是個鄭重而嚴肅的定義。

無論是如何偉大的政治家、國王或是哲學家，都不可能把二十四小時中的一分一秒延長或縮短。即使是建立相對論的科學家，也同樣無法延長或縮短時間。

就拿我現在寫這篇文章的時間來說，也是一分一秒地過去。而過去的每一秒鐘就像沙粒一樣，不斷地由我的指間散落，不能復返。

二十四小時是一分一秒的集合，這是個無法迴避的現實。不論何等高度的文明產物或是人為精品，都不外乎是在時間中發生的，「無視時間將難成偉業」的道理不容否定。

一望無際的海洋不停地沖刷著海岸，波浪湧向岸邊，而後又退下去。從表面上看，在這單純的湧退之中很難感受到還有什麼更多的變化，但其中卻包含了真理。人就在這類似海浪上湧之時，千真萬確地在某方面付出了努力。

很遺憾地，有些人視使用時間如同用水，只是為自己的人生進路奔走汲營，輕視了時間的價值。

我想告訴讀者們，希望各位能夠重新認識時間的本質。

時間是貴重的，卻沒有人能奪走屬於你的時間。即便你遭受何種拷問、身處何種嚴酷的環境，你仍舊被賦予了一天二十四小時的黃金時間、永恆鑽石，任何人都奪不走時間的價值。

可以說這是佛賜予你的最大的慈悲。

無論耶穌．基督也好、其他偉人也好，他們的人生同樣是在一天二十四小時中度過的。可是耶穌晚年的最後三年時間，卻能夠比其他人的三十六個月的時間密度高之甚遠。雖同生同世，耶穌卻能使時間充滿了高濃密度。

應該為佛賜予你的時間增加濃密度而盡心盡力。

2 時間的浪費發生在工作和學習當中

藉著我個人的實際經驗，現在來向各位闡述該如何善用時間。首先必須認清一個人擁有的時間是怎樣構成的，以及屬於自己的時間該怎樣利用。

對此，可以聯想到沙漏。沙子紛紛落下，使用的每一秒都似純金。金沙就是如此在漏落著。想一想，若浪費時間，不就等於在浪費如此貴重的東西嗎？如果有人能夠做到每天都不浪費一分一秒，就可以稱這個人是偉人。但事實不然，因為這個人一定是在說謊，或是個沒有自知之明的人。

總而言之，不浪費時間是善用時間的起跑點。應該把時間當作貴重的金沙，不要讓它輕易地從自己的手指間漏落，應該讓粒粒金沙閃耀出光輝。

想想自己在一天裡，最浪費時間的事情是什麼？有人會認為是睡眠，有人則認為是用餐或洗澡等等。

但我在這裡要特別強調的是，用餐和睡眠是生活之必需，雖然看上去似乎有些浪費時間，但事實並非如此。因為人若無視這樣的生理欲求，就必然會付出嚴重的代價。

其實，時間的浪費往往發生在工作或學習之中。這是我思考了幾十年所得出的結論。

對人來說，最大的浪費不是發生在那些無益的事情上，而是發生在自己認為有益的事情上。在自己認為最有價值、最值得做的事情之中，即產生了最大的浪費。

這個理論聽起來很像是一種反論，但是對已度過大部分人生、步入晚年的人來說，一定能夠很清楚地明白，我的話中道出了真諦。

人多半會在什麼方面對自己的人生感到後悔呢？是為了在睡眠上花費了許多時間嗎？是為了在用餐上耗用了過多的時間嗎？是為了在閒暇時打網球、打高爾夫球和游泳而後悔嗎？不是。

人會感到後悔的問題，貫穿在整個人生的工作之中，貫穿在幾十年的學習過程之中。是為了自己在工作和學習上缺少成果而後悔，這才是後悔最主要的原因。

3 「柏拉圖法則」與時間

「柏拉圖法則」（Pareto Principle）是世人普遍接受的法則，別名「八〇二〇法則」，依據這個法則可以把事物分做八成和二成。

這個法則的原理是，假設某公司有一百萬元的收益，那麼，其中的百分之八十，即八十萬元左右的收益是公司中百分之二十的職員所創造的；一百億的利潤中，其中八十億是公司百分之二十的職員努力的結果。

這條法則可以適用於各方面。例如，一天使用八小時工作的話，那麼，能夠有出色工作成績的時間只占這八小時中的兩成。若是十小時的話，最出色成績的時間就是兩小時。

這兩成的時間不僅是你大顯身手的黃金時間，更能決定你一天的工作成績，而此外的八成時間卻得不出顯著的成果。

在運用此法則時，無論對人對事，只要有事物組成，其中最重要的部分就只占百分之二十。掌握了這百分之二十，就能掌管好另外的百分之八十。

在公司人事管理上亦是如此。要想完全掌握公司的所有職員可不是件容易的事情，但想掌握最有貢獻的百分之二十的人，則是有可能的。一旦掌握了這百分之二十的能人，就掌握了公司整體的大部分。

此外，在做生意之前，大都要對事業能否成功做各種分析，同樣的，能夠決定將來成功與否的重要因素，只占其中的百分之二十，這兩成具有先決性。

因此，這條法則可以說體現了「強與弱的原則」，或者說「揚與抑的原則」。意思是，不能只蒙著頭工作，不要只為了分析事物而分析，應該判斷其中包含著的兩成重要部分。如果練就了這個觀察法，就能獲得集中、創造和實現的極大力量，進而使你走向成功。

做事失敗的原因往往來自完美主義。所謂完美主義的不足點，即在於總是力求百分之百，結局卻常是個零。這很像打棒球，總想打「全壘打」，而整場下來回回掄空，類似這種事情不勝枚舉。

要認清自己應該做什麼，如果自己不是人們所期待的全壘打選手，一般都應該把重點放在擊出「安打」上，只要把精力集中於此即可。

將意識放在打出安打上，而不是全壘打，這樣就可以用百分之二十的努力，獲得百分之八十的成果。

總之，不要老想把球打到外野去，切勿自不量力。只做如此努力就有可能獲得奇蹟式的效果，擊出更多的「安打」。

4 勝負取決於百分之二十的時刻

在職業棒球中，有很多能投多種球路的投手，但是每個選手在每一賽季中的勝率往往不同，有的人能勝十五到二十場，有的人卻是負多勝少。

如果進一步仔細分析就可以看到，常勝投手取得勝利的訣竅，不在投出的球比別人快，也不在投球的種類比別人多，但他們為什麼能夠常勝呢？

對此也可以用柏拉圖法則來做衡量。譬如，一場比賽中要投一百個球，也就是說若能在百球中控制好二十個決定性的球的話，就足以奠定大局。

一場棒球賽共九局，把二十個球平均起來，每局只有兩球左右。亦即能決定勝負的球在每一局中只有兩球。在這決定性的兩球上，失敗者將成為敗戰投手，相反的，在這兩球上制住了對手，就會使你走向勝利。整體上的勝利，往往取決於是否能在「決定性」的關鍵上取勝。

每局中，上場的打擊者平均只有四、五人而已，其中，能對投手構成一定威脅的選手只有兩人左右，而在對這兩個人的投球中，最關鍵的球每個人只有一球，這一球就能決定勝負的結果。如果正好投出了對方等待的球，就會被打個正著，導致失分；倘若投的是出乎對方意料之外的球，在結局上就能獲得勝利。

真正優秀的投手不是對所有的球都使出全力，而是能在關鍵的二十個球上取得優勢，也就是說，在每局決定勝負的兩球上用全力去致勝。因此九局中二十個球的勝利，能贏來全局百分之八十的勝利。

我想，透過上面的例子，讀者們大概能明白我要說明的問題了。

對多數日本男性來說，人生的三、四十年都是在同一個公司中度過的。其中有的人能成功，擔任董事、總經理，有的人則與成功無緣，這結果是一天天積累下來的。

俗話說「日積月累」，在一天的工作時間中，最重要的只有百分之二十，能集中精力在這百分之二十的時間裡打出好球的人，必定能夠成功，或在職場上有所嶄露頭角。很遺憾的，大多數人不能發現這條法則，在不知不覺中度過了一天又一天。當回過頭來看自己的人生時，就會發現日子過得不盡如意，這就是日積月累的結果。

不應該如此對待人生。如果把考慮如何使用時間的問題與工作結合起來，就能發現自己大錯特錯的原因。

就算是一天中只挪出兩小時也罷，應該把這貴重的時間用在做出成果、效率上來。要在從早到晚的工作時間中把握其中的兩成，進而對這部分時間做出具體安排。

隨後，便要在這兩成時間裡做出效率最高、收穫最多的事情。此外的時間可以做些較平均的工作，只要不出錯即可。在兩成的時間上集中全部精力、爭取成功。

總之，要把握一天中最重要的成果是什麼，集中精力、使出全力，創造最有效率的時間帶。同時，為了維持這個重要的時間帶，在其他方面多少要做些犧牲。只要保證了重要的兩成，就能取得八成的成功。

5 集中精力創造高效率

我出版過許多書，也許有人看到這麼多的數量，便產生了「大川隆法一定每天都在寫書吧」的疑問。事實上，我用在寫書上的時間只占很少的一部分，但這段時間是極緊張、具高濃密度的時間。

為創造這樣的機會，我做了許多預先的準備。我做了勤奮學習的積累，加之調整好身體狀況，理順思緒，撰寫書稿是在最佳狀態下進行。但我不諱言，完成了這段緊張的工作後，自己就像跑了場馬拉松似的非常疲倦。

在最佳的狀態下，向最好的時間注入熱情，將高度凝聚的智慧思考，一口氣譜寫成章。可以這樣說吧，其餘的時間是為了這段重要的時間做準備。要做到這一步，得先花大量時間讀參考書，此外，當然還有必須花很多時間做反省和瞑想等。

我自身的做法是順應柏拉圖法則。為了能管理自己的人生，管理屬於自己每月每天的百分之八十，我向其中百分之二十的時間注入了最高度的熱情，發揮出最高的效率，這畢竟是個取勝的關鍵。

因此，希望坐在辦公室做事務性工作的人，不要鬆散度日。設法在一天當中，創造出兩成高效率的時間。在這段時間裡，應該全神貫注，使之富有靈感且充實。

此外，還可以從更大的範圍來思考。譬如，於十天裡的兩天集中並提高工作效率。總之，在時間的使用方法上要有節奏，集中精力發揮高效率的做法是不容忽視的。

在學習上亦不例外。鬆散的學習不能真正大幅提高學習效果，應該在整個學習時間中的兩成上面，讓自己的身體狀況處於最佳狀態，集中精力學習，這是必要的學習方法。

在閱讀時，柏拉圖法則也同樣適用。我出版了許多著作，也許很難一下子讀完，或者很難馬上消化。我想向在這方面有苦惱的讀者說：「一本書中最重要的部分只占其中的兩成。」想把一本有兩百頁厚的書全背下來是不行的，要知道，真正重要的內容只有四十頁左右，問題在於你能否判斷和選擇出這重要的四十頁內容來。

本篇文章若謄寫在稿紙上，最多僅十幾頁，在這十幾頁的內容中，真正的精華也僅是兩成。問題就在於你是否能將那精華挑選出來並融會貫通。若能做得到，那將使你的實力日進月增。

在人生當中，最容易在工作和學習中，無意間浪費了時間，所以請提醒自己在此時間內，要集中精力，產出最大的效果。

第八章

人的可能性

1 向上進取的具體方策

也許會有很多人認為，人的潛能本身就是個模糊的概念。正因為這個概念在實際當中未必十分明確，因此也預示了人有著廣泛的可能性。

我平時總向幸福科學的會員說：「要進一步發揮自己的能力，各位尚有著自己未曾發現到的力量。」對於一個覺醒於靈性世界的人來說，也許會認為這個說法理所當然。但是，我不希望人們在這問題上只追求單純的結論。

或許有人會有這樣的想法：只要經常反省，除去內心的塵埃，保持與靈界的交流，就能夠解開世上的一切奧祕，消解自己的煩惱。可是實際上，解脫之路並非那麼簡單。

當一個人越深入地認識事物，就越會對前面的事加以留意。也可以說，人越是能夠理解別人的心情，其煩惱的程度也就會隨之加深。進一步而言，越是認識到了自身的心靈本質，也就越會注意到內在的迷惘。

人越是向上進步，就越會感到在進取的道路上有著各種障礙。當你的目標指向更高、更廣、更深的時候，就必然會遇到與此相應的抵抗力。

如果你在還沒有具備一定的實力、才華和覺悟的時候，就去追求更高的立場、更廣博的見識和深奧的洞察力等，苦惱自然會一個個不斷地出現在你面前。

這不禁讓人要問，到底有沒有能使人持續向上發展進取的辦法呢？有沒有能夠發揮人最大可能性的具體方策呢？如果有這種方法的話，又能否把它作為教訓，把它提高到具有一般性和抽象性的更高階段上來呢？我們先從這個問題開始思考吧。

2 開拓人生的意志力量

首先應該思考，人為什麼總有向上的意願呢？

海浪，時而湧上沿岸的沙灘，時而又退下。海水中的小石子也會隨著海浪的節奏，時湧時退。假設這些小石子內心有感覺的話，那麼，它們在一天、一年、一生的時間中又會有怎樣的感受呢？

也許這些小石子本身可以察覺自身是怎樣地存在著：「自身隨著海浪活動的事實，只能形成大自然整個活動中的一個組成部分。」但這種所謂的自我察覺，再不會有更高的境界了。

因為，小石子單靠自身的力量將一事無成。它們只能隨著海浪湧退，彼此相互碰撞、破碎，繼而變成海灘上細小的沙粒，形成自然現象中的一個環節。

如果說人生就像是在海浪間翻滾著的小石子一樣存在的話，人的可能性也就微不足道了。而且這樣的可能性最終將會破碎，化成美麗海灘上的一粒粒沙子，隨後，再也難以看出它還能有什麼更高的可能性了。

在觀察人生與小石子有什麼不同的時候，其中最重要的要素是什麼呢？即是：「人有心，而且在心的領域中有堅強的意識。它能夠確定方向，動員起自身全部的精力去開拓人生。這就是人所能實現的。」

與小石子不同的是，人能夠用堅強的心力和意志去開拓新天地，這也是人的優越性。若從可能性的觀點來看，人沒有了意志力，也就無法開拓前程了。

有趣的是，人的意志力未必是天生。雖然人類從小就形成了倔強或嬌弱等不同性格，這不同的性格也許可說是天生的，但單憑這一點還不足以保證能走出堅強的人生，人的意志可以經過鍛鍊而變得堅強。

自古以來即有「鍛鍊精神力量」之說。在精神力量中最重要的就是意志。所謂意志，即是指立下雄心壯志，為達成目標而努力的深厚熱情，亦是指心的能量。

這樣的熱情、能源透過訓練就會變得更加堅強。如同海浪在岸邊湧退一樣，看上去絕不似機械性動作，反而像生物體，像伴隨著堅強意志的生命活動。

只要人心堅強，人的意念就能像一股爆發性能源一樣，壓倒一切、勇往直前。

如果你想做些什麼，如果你體認到了什麼能給人帶來幸福，如果你知道這個幸福與個人的幸福緊密相關，那麼，首先必須增強自己的意志。

3 將悔恨當作前進的動力

那麼，要如何增強自己的意志呢？

最初階段的方法即不服輸之心。人的精神能源之根本要素有幾種，其一就是不服輸、不認輸之心。它有著給精神上緊發條的作用，形成增強意志不可忽視的力量。

如此之多的人口同生於世，就避免不了人與人之間相互切磋、磨練。

在切磋磨練的過程中，必然會出現勝利者及失敗者。雖然不會有永勝或永敗的人，但在一時的敗北中，人心難免產生悔恨的情緒。

不能對這種悔恨一概而論，不能都將之說成是墜入了地獄。落後於人時會感到悔恨，這樣的心境尤須予以重視。應該讓自己在悔恨之上有更高的追求，向更積極、更高級的層次轉化與提升。

每個人在人生的過程中，大多感受過悔恨的心情，關鍵在於能否進一步用悔恨來激發向上的意願，爆發出更努力進取的意志。

這也是個基本問題。從某種意義上來講，悔恨是任何人都有的感情。如果因而就批評人心有虛偽的一面，指責人類競爭會增強無休止的野心。如果只看重這消極的一面，就表示自己還沒有真正體會人心。把這樣的感情用在激發自己向上進取，即屬於積極的光明面。

因此，那些對於現狀難以忍受，但又難以激發起向上之心的人，首先應確認自己的內心有無悔恨的感覺。

如果做人不能思量自身究竟具有多少可能性、不知道自己到底有多大實力，就該好好想一想，對自己立場、情感、能力沒有自尊，對任何事物都沒有悔悟心，對工作沒有奮起之心，這本身不就是個值得思考的問題嗎？

人自呱呱墜地，接受了父母和他人的情愛，接受了教育，走入社會，受到了來自別人的期待，在這樣的事實面前仍無動於衷，難道不感到違背了良心嗎？難道對自己的不努力不感到羞恥嗎？在自己的周圍，難道沒有比自己處境艱難、卻比自己有成績、有發展的人嗎？

這不是要各位生活在悔恨之中，而是應該就此捫心自問：至今自己雖然有過各種良機，卻沒有成功，是否需要對此徹底悔悟，決心不讓機會再度失去機會？這便是一個以悔悟之心激發自己向上進取之意志。

4 將事物理想化的能力

增強意志的第二個方法，即是發揮將事物理想化的能力。這是一股從內心自然湧現出來的衝動力，比悔悟的力量要稍微高層一些。

青年人具備著許多美德，其中最值得一提的，就是青年人有著將事物理想化的能力。只要具備了這種能力，眼前的事物、目標就有著無限的可能。

如果你正在為難以維持現狀或打破現狀而苦惱，又如果你正感到自己的人生委靡不振，就應該思量一下，自己的內心是否有強烈的理想和願望？創造理想的能力是否正在衰落？

一個人雖年輕但缺乏理想，這個人實際上已變得衰老。相反地，人雖上了年紀卻不失理想，這個人實際上仍掌握著自己的青春。

描繪和追求理想的力量，是把所有事物理想化的能力，是一種才能。想要培養這種才能，重點是要有持之以恆的意念。

年輕時，心中有的幾乎是不切實際的偌大理想願望，但在以後的現實風波中幾經大浪淘沙，理想也隨之變成了小石子。當步入中年後，理想更加破碎，變成了小沙粒。

這時，應該回顧自己的過去，回想自己曾有過的青年、少年之夢。想一想自己曾經憧憬的是什麼？有過怎樣的理想？要知道，在看上去還不夠成熟的理想中，如實地包含著你擁有的才華。

自己曾把什麼當作理想？這個理想為何逐漸破碎了？繼而反省失去理想的理由是否正當？它的起因是什麼？

要思考自己在變化無常的環境中，為何不能再創新理想？為什麼沒有持續、堅定地追求理想的意志？這難道不是怠慢嗎？僅僅從早到晚揮著汗水辛苦地工作，還不能說是真正的努力，努力的前提是如何看待理想。

要誠心誠意地回答這個問題。

在這大千世界中，無法發揮創造理想的力量，繼而喪失了這種機能的人相當多。希望人們能夠回想起自己心懷理想的閃耀時刻，挖掘出這潛在的能力，予以磨練。

5 殉聖之心

增強意志的第三個方法，即是向崇高目的做出奉獻的意識，這是指，向神聖的存在不惜殉身的「殉聖」意志，我認為這一點很重要。

人若只侷限在個人生活圈中，是不能從心中湧現出巨大能量的。人若只追求自身的幸福，心被狹小範圍所束縛，就創造不出巨大的力量源泉。從利己主義思想中絕不可能產生出偉大的世界觀。

能改變人間世界的巨大能源，即一顆殉聖之心，即為了神聖的存在而投身之心，即為了神聖目的不惜奉獻出自己的智慧、經驗等一切力量的心。

許多人可能都不只一次地遇到過，如同被逼上懸崖峭壁，必須迫使自己捨己投身的經歷。自己是否具真正的勇氣，在這樣的時刻就能得到檢驗了。

古人言：「朝聞道，夕死可矣」我對此話深有同感。

這殉聖之心是不惜失去自己生命的意志，它在所有人的內心裡都是純粹的光明。希望人們去發掘出這神聖的力量源泉。

發掘這神聖能源有一條途徑，具宗教信仰的人大都有過這樣的經歷——回心。

人生下來後便受到養育、教育，隨後走入社會，在自己的價值觀下生活。隨之，自己會在社會的某個地方碰壁，或者東闖西撞總不順利。在生活中忘記了本來的自己，只對事物的表面現象做膚淺的分析，經常被別人的意見所左右，沒有主見，導致自己走上了絕境。但是，有如絕路逢生，偏執的自我觀念在幾乎絕望時被打碎，反而產生柳暗花明之感，這稱為「回心」。

《聖經》中的保羅的回心為世人所知，每個人都會透過各種形式體會到回心的感受。

人生在世，難免被各種事物束縛，被束縛住的人們的心靈會感到痛苦。但請各位想一想，自己在世上生活的空間，其實是像小小的監牢一樣狹窄，如果能夠承認這個事實，就不要謊稱自己已知曉了一切。

當路逢絕壁、寸步難行的時候，一道強烈的天上之光如同晴天霹靂，把擋路的絕壁一劈兩斷。一旦體會到了這個瞬間，就一定能看到一個無限廣闊的新世界，光明會引導你去體會什麼是真正偉大的自由。

所謂「殉聖之心」是指，從肉體的自我向靈性自覺的境地躍升，從而獲得偉大的力量。

6 身在世間活於實相世界

除了增強意志，還有一個轉換觀點的重要方法，這是一個新的觀察法。

人在觀察自己時，免不了看到的只是一個身高一百多公分的自己。但如果有了靈性自覺，就能獲得從外界觀察自己、從靈性世界觀察自己、從天上世界鳥瞰自己、以高級靈的眼光分析自己等體會，從而看清自己是怎樣生活在世間中。

我認為人的可能性，即是指人在這個三次元世界生活的同時，超越了這個世界，實現如同在實相世界中生活著的真實自己。

身在世間而能夠體會到實相的人生，是有價值的。假如說人間世界不是三次元的世界而是天國的話，你會不會在此時為自己的醜陋之心而感到羞恥呢？體會實相世界的生活方式必須予以重視。

此外，也不要把人間世界與靈界區分開來，應該把這個三次元世界看成是靈界、實相世界的延伸，這是個重要環節。把所有的惡都當作自己修行的食糧，努力將惡改變為善，美好的理想國度之門會在這裡敞開。

自己的靈魂能否再回到天國去，乃取決於現在生活的每一刻，因此應該經受住這樣的考驗。即使感到現在的生活環境不如意，也要保持心情開朗，使人生充滿發展的可能性。這也是人們普遍追求的人生方程式。

從現階段的生活環境中尋找自己潛在、無限的可能吧！追求無窮廣闊的天地吧！發現無限的光明吧！在這光明的時刻，煩惱將不復存在，幸福將向你召喚。

幸福的烏托邦並非遙不可及，它存在於此時此刻，存在於平凡之中！我再次強調：「實踐真理，能夠使你的理想成真。」

第九章

人生與餘裕

1 心有餘裕能預防消極思考

「發牢騷、埋怨別人、不知滿足的私欲，以及嫉妒和憤怒等等，均對自己無益。」這些都是人們普遍了解的道理，但是實踐起來卻很不容易。

譬如說，人們都知道發牢騷不好，但就是管不住自己的嘴，在日常生活中還是會說一些牢騷話。世上因喜歡發牢騷而說牢騷話的人是不多的，明知無益卻又按捺不住地抱怨不止，這才叫作牢騷。社會上這種只愛自己，而且自卑感強的人為數不少。要知道，這樣的想法是消極的，屬於一種心病。

本章將針對這類心病來談一談預防的方法。人人都會有煩惱，不可能凡事都能順著自己的意思行事，但如果能在事前做好處理，不讓這種不愉快感覺產生，人生的道路上也就不會有那麼多不協調的節奏了。

為了不讓這種消極思考浮現心頭，到底有什麼方法呢？從較高的視野來看，關鍵就在於自己的心胸是否寬闊，有無餘裕。

心有餘裕是不會發牢騷的，也不會動不動就生氣、暴怒而大發脾氣等。否則就表示自己的心還不夠寬敞，思路狹窄且性情暴躁。嫉妒也一樣。如果一個人有充分的自信，能夠對人寬容，又怎麼會輕易地表現出這種態度呢？

接下來，讓我們細細追究這些問題的緣由，其實，它們往往發生在自己的心願與現實之間的差距中。反過來講，當現實超越了自己的理想時，人就不會表現出不滿，當現實與理想一致時，也就不會發牢騷。美好的現實超越了自己的理想，又有什麼理由不滿意呢？

於是可以說，只要心有餘裕，有寬廣的胸襟，消極的想法就比較難以浮現。

2 孩童時期所獲得的教訓，打造出人生的雛形

成年人在回想往事時，多少能勾起自己尚是孩童時的幾分記憶。上小學時，暑假是最讓人興奮的。一段相當長的時間不用上學，多少會令小學生們喜出望外，會感覺到學習壓力被解放了。

但假期終究會結束。當夜晚變得涼爽，隱約的蟬鳴聲帶來秋分氣息時，小學生們開始憂鬱起來，感覺到父母要來嘮叨了。果真父母真來追問：「你的暑假作業做完了沒有？」這下糟糕了！作業沒有做完，勞作也沒完成！小孩子著急了，一時不知該從哪裡著手才好，在

「二律背反」的心態下反而沒有什麼進展。

小孩子自然會想要依賴自己的父母，勞作讓爸爸做，功課讓媽媽幫忙。如果父親好說話，當真會助自己的孩子一臂之力。但如果父親只知道工作、不關心孩子，孩子就會變得孤立無援。

孩童的年齡雖小，但內心已能充分感覺到有他力的存在。小學生們還會相互求援，共同分擔來完成功課。只不過在結果上不一定都能滿意，因此不得不在放假的最後幾天，品嘗像地獄般的痛苦。

從孩童這樣的行為模式中，其實可以看到整個人生的縮影。

在放暑假的強烈解放感之下，能立即著手做功課的學生不多。大多數學生容易被這種解放感沖昏了頭，不知不覺地走向安逸的一面，或許可以說這就是人性的一面。儘管明知日後等待著自己的是痛苦，卻仍然按捺不住，跑去吃吊在眼前的「解放感覺」的魚餌，進而上了鉤。事實上，這些孩童時的教訓就是今後自己的人生雛形，它會隨著成長，在日後活生生地表現出來。

考大學時也會有近似的經歷。善於學習者大都是先做預習的人，在第一學期時預習好後兩個學期的課程，甚至更多的課程，這樣的人通常會有不錯的學習成績。

相反地，喜歡臨時抱佛腳的人，在考試前才熬夜苦讀，或者在考試後才拿起書本來讀的人，這一類人往往在吸收學識的問題上一拖再拖，遲人一步。

這也是一種人生模式。在一定程度上，可以從此人抱持的人生觀中看到他的將來。

人生各有所長，兔子跑得快，自有其飛躍的時期，烏龜的悠悠然也別具一格。

在兔子和烏龜賽跑的故事中，兔子能跑得飛快，卻在中途睡覺，結果輸給了烏龜。如果用比較短的週期觀察人生就會發覺，兔子式的人生也不算壞，至少還有睡一覺的餘地，這當屬一大新解。

解決煩惱也同樣，想解決掉幾十年後的麻煩事是困難的，人之所以有時在精神上無法振作，其原因多是對眼前的事情感到憂愁。若總是憂慮幾十年後的事情，此人如不是個出奇的大人物，要不就是恰恰相反。一般來說，人通常是為當下的事，或遠者幾個月、一年後的事而煩惱。

用反向思考來看待兔子式的人生，會發現當中也有難能可貴之處。向前奔跑一段後便睡上一覺，至少不必為許多繁雜事擔憂。常常有消極思考傾向的人，必須檢討自己是不是有拖延事情的習慣？是不是像孩童那樣，在暑假將結束時才動手做功課？是不是有自卑的心理？當做如此思考時，或許會有新的發現。

3

凡事皆事前準備的人生態度

想解決幾個月、甚至半年後的煩惱，就必須把自己的人生稍做加速。也就是說，事前已有準備的人生態度很重要。

如果能夠有提前著手解決問題的想法，自然就能夠創造出餘裕來了。把事情拖到最後一天前痛苦，還不如將這些問題早做解決。

舉個平常的例子，一般準備一日三餐的飯菜，是在開飯前一個小時左右，但有的人早在前一天就準備好了第二天午餐、甚至晚餐的材料。也就是說，在做眼前工作的同時，已為下一步工作做好準備。

切菜等等當然是要下鍋炒菜時的事，但不容易腐壞的材料則可提早準備，這樣做可以提高效率也減少浪費。

管理過家務的人應該都知道，當家人喊著肚子餓要吃飯的時候，才開始手忙腳亂地料理飯菜的話，不僅飯菜做不好，家人也不會高興。原因就在於準備工作上，沒有連貫起來考慮事情，沒有運用智慧管理家務。

做出較長期的計畫，可以給明天，甚至眼前的行為帶來變化。單是為明天的事先做考慮，就能為眼前工作的合理化產生一定程度的積極作用。

現實中，能事前準備的人並不多。事到臨頭再處理，容易造成混亂的局面，況且當下常會有一些意想不到的事發生。譬如，家庭主婦要去解決孩子闖下的禍、要接待突然的來客等等。不要為計畫外的突發狀況而不知所措，亂了陣腳。

買東西等簡單的事情也需要計畫。到了商店才想著要買什麼，會讓你感到丟三落四，不能周全。還有不少人一旦遇到了不如意的事，儘管是些雞毛蒜皮的小事，也會滿嘴牢騷不停，說別人的壞話。如果讀者發覺自己也屬於這種人，不妨先從做一個事前準備的人開始，更正自己的人生。

譬如，在觀察一個人時，先分析他的行動方式或者習性等等。鯉魚游水總會成群地向同一個方向游動，我們知道了這一習性，就能分析出牠們幾分鐘之後的游向。同樣地，人在行動上也有著固定模式，依循著這模式就能管理好這看似亂無章法的每個人了。

總之，凡事都能事前準備的態度，從各方面來說都有益於人生。引導孩子做假期作業，不要在假期結束時才想起來要督促孩子，應該早做提醒，或者用孩子容易理解的方式導引他們。一旦養成習慣，便能減少以後的麻煩，也能使生活有餘裕。

4 經濟安定的重要性

我們還可以從其他角度驗證預做準備的好處。譬如說，從一個家庭的經濟情況來看，很多人在發薪資之前總感到手頭緊、心裡慌，但領了薪水後就馬上忘情地消費，到了月底再重複同樣的痛苦。在經濟問題上不管是用錢還是存錢，都需要有計畫和先見之明。

我以前曾讀過本多靜六博士（一八六六～一九五二年）的書，他是個非常著名的人物，著有《我的處世祕訣》等三百多本書。在任職東京大學教授時，積極地運用「四分之一儲蓄法」，曾做過十九次海外旅行，在學問上和經濟上都受到了廣泛的肯定。他的收入之高，在所得稅收額上排名第一，受到了稅務局的表彰。

早在他年輕時留學德國期間，他的德國教授就曾忠告他：「若想扎實地做學問，就要有經濟上的安定。」

這位德國教授說：「一位學者之所以不能做充分的研究，其原因大都來自於經濟上的貧困。如買不起書、沒有書架、沒有做學問的空間等。如果這些必要的條件，是因為經濟上的困難而不能解決的話，將使你失去學術活動的機會。所以你回國之後先要從改善經濟條件下手，計畫和設計自己的人生，在經濟上有所積蓄。這個積蓄將會對你在學問上的發展，產生很關鍵的作用。」他記住了教授的忠告，回國後如實履行——其基本的思想就是把收入的四分之一儲蓄起來。

他的做法得到全家的支持，即使經濟上有些吃緊，也能得到家人的諒解，共度難關。他還把年終獎金等額外的收入全額積蓄起來，等存款到了一定數量時，還拿去投資。這一努力逐漸使投資的收益比薪資收入還要多，他就這樣建立起了堅實的經濟基礎。我也畢業於東京大學，但除了本多靜六博士之外，再沒聽說過有其他東京大學教授擁有可與其相提並論的高收入。可以說，他有計畫地累積經濟基礎的努力，奠定了他日後事業的成功。

事實即是如此，想要經濟富裕，首先要在經濟儲蓄上努力。

再來看現代人的經濟生活又如何呢？你會發現，現代人有一種提前消費的傾向，認為公司到了年底肯定會發年終獎金，便提早花費掉這筆還沒到手的錢。依我看，這表示欲望已壓倒了自己的理性。這種花還沒到手的錢的做法，是地獄型的經濟方式。商人和推銷員常利用這種地獄型的銷售法，譬如，「年終獎金一次付款」、「分期付款」等等，這些都促使貸款和提前消費型的經濟進一步擴大。

不管社會如何變化，經濟必定是以在收入的範圍內生活為原則的。若進一步把收入的一部分儲蓄起來，就有可能使今後轉變成天國型的生活。

即使當今社會的經濟結構，有了何等的進化，這個原則在任何時代都不會變。經濟積蓄是將來事業開展的資金，這個積蓄的本身即能創造出精神上的餘裕。

即使知道貸款消費型的經濟方式，具有何等的便利性，在節減稅金上有何等效果，但這筆資金在眼前畢竟是個負值，因為它抵押了自己日後將付出的勞動。

這樣做會對將來產生不安的心情，會為自己日後的身體健康等擔心，結果致使身心在一種壓迫感下工作。當然有一些情況是不貸款就不能開展事業，但這種想法在正常的社會中絕成不了大事。

家庭經濟對任何人來說都一樣，應該在收入的範圍內生活，並將收入的一部分儲蓄起來，為日後的計畫做準備，不鋪張浪費，這種想法本身已蘊藏著積極發展的要素。世界上沒有那種不做儲蓄，而成了富翁的例子。對不儲蓄的人來說，即使收入再多也不夠用，到後來往往會出現身無分文的窘況。

5 有備無患

創造內心的餘裕，積極地面對未來，與上述儲蓄的問題完全一樣。善於積蓄的人，在金錢以外也同樣能做積蓄，能為以後必要的付出及早準備。如同養育孩子，要能想到半年、一年甚至更遠，充分考慮到家庭經濟與養育孩子的關連性。

所謂創造餘裕，即是指把現在多餘的時間、金錢和智慧，轉用到將來必至的結果上，向今後定能收穫的方面投資。

學習佛法真理也不例外。如果總有被強迫學習的感覺，是很難開悟的。要想覺悟，就必須保持向前進的態度。好比身體健康的問題，倘若等自己病倒了再去看醫生，就是亡羊補牢了。必須在自己病倒前先做預防才行。

這種預防可分成兩方面：一是提早鍛鍊身體，二是在身體疲勞前做些休息。可惜現代人多不能遵守這兩種方法，不到累倒時不罷休、不到病倒時不回頭。很遺憾，人往往在倒下去之後，才開始明白休息的意義。

其實，現代人的煩惱大都來自身體和精神上的疲勞。可以假設，人如果不知疲勞、沒有疲勞的話，煩惱的百分之八十就會消失。明白了這個道理，就能體會到預防疲勞能在預防煩惱上產生極大的作用。

要預防疲勞，就要儘可能在不使自己疲勞這方面下功夫。這就是說，不要等問題變嚴重之後才想一次解決，應該化整為零、逐一解決，在身體和精神出現疲勞之前即做充分地休息。既在精神上感到貧乏，又無法治理自己身心的人，很容易逞強行事。對這樣的人來說，當到達某一程度時，就應該讓自己早做休息，這不是一件容易的事，需要鍛鍊，這是長生、長保青春的祕訣。

當眼前的工作變得怎麼都放不下手時，就表示自己應該在工作方法上，下一些功夫了。面對所有工作都全力以赴，是無法持久的，應該在最重要的工作上傾注力量，在較簡單的工作上蜻蜓點水即可。這樣做的目的無非是創造餘裕。只要肯下功夫，有各式各樣的方法，最終皆可歸結到「事前先做預習的準備工作」上。想做到這一步，首先要把出發點放在有備無患之上，在心理上準備好成為一個預習型的人。隨後，具體的方法會一個接一個地出現。

沒有牢騷、沒有埋怨，寬裕坦蕩的人生就是這樣展開的，不具憤怒與嫉妒的世界就是這樣展現出來的，但願人們都能認識到這種天國型的生活方式。

第十章

健康生活的祕訣

1 保持健康是每個人自己的責任

健康生活是人生中不可缺少的重要環節。在消解各種惡念、煩惱和痛苦的同時，不能忽視健康這個基礎性的問題，因為它能在一定程度上，產生預防諸煩惱的作用。

當我們靜觀四周，會發現每個人多少都有自己的煩惱，但是身體健壯的人通常要比身體虛弱的人的煩惱少一些。

總是在煩惱漩渦中生活的人，胃的機能會變得虛弱，神經亦顯衰弱，一副皺著眉頭的模樣，這是一般印象。與其在煩惱中痛苦，不如放寬心，培養積極思考的活力，把健康做為日常生活的基礎，鍛鍊強勁的身體。

在談論健康生活的祕訣之前，必須認識健康的真正價值何在。

首先打個比喻，坐火車旅行必須買車票，旅行要先支付一定的旅費。與此相同，靈魂宿於肉體做人生修行時，肉體就好比一列火車，乘坐「肉體」之車需要提前支付一定的費用。若對這個問題抱有日後再做打算的想法，是要支付更高昂代價的。

沒有任何理由可以無票乘車，如果違反了這個規則，就可能被罰款，結果要支付更多的費用。這與健康的問題類似，人的健康就好比是乘坐火車。

那麼，什麼相當於火車票呢？人誕生下來便有身體健康的問題。

尚未成年時，身體的狀況要依靠父母照料，可是一旦走入社會、離開父母後，健康就成了自身的責任了。

人活七十歲好比行路七十公里，活到百歲就好比旅行了一百公里，這個感覺或許會更長。長途旅行需要做多方面的準備，健康生活就是其中之一。

2 將部分的收入用於維持健康上

首先，在健康管理上，應該先對經濟方面做好準備。此一觀點對宗教信徒來說或許會感到有些意外，但這個問題在實際上確實很重要。

具體來說，即是做好「不惜為健康做經濟上的支出」的思想準備。如果捨不得在健康上做必要的投資，就必定要在不久的將來付出更高昂的代價。

必須認識到健康上的投資是一筆必要的經費。欲使自身軀體這列

「火車」能夠持續地奔跑，無論如何都要為其提供必要的能源，這個出發點來自「為健康而付出的金錢投資是善不是惡」。

這就需要具體地做出計畫，看一看自己的月薪到底能夠負擔多少健康生活的投資。

尤其在大城市中，人的健康問題會更為凸顯。繁忙的工作使生活缺乏規律，加上運動量不足，身體虛弱的人很多。

許多人在吃喝等交際上不惜花費本錢，相反地，卻對自己的身體健康缺乏長遠考慮，捨不得為健康投資。是不是應該在這個問題上反省一下呢？

這個觀點雖然普通，卻很容易被忽視。一天之中到底做了多少運動，自己心中是有數的，但很少人會考慮到為健康投資，健康管理首先可以從這個觀點展開。

認為把月薪的百分之十投資在健康上比較合適的人，可把這筆預算做出具體計畫，考慮做些什麼運動等等。

譬如，到體育館、各式球場去從事像游泳、打高爾夫球等運動。當然也可以做不需要花錢的運動，如散步、跑步等。

有些運動項目不需要花錢，便能夠達到鍛鍊身體的目的，對身體也有益，但是由於缺少娛樂性，所以較難持久，像長跑、跳繩等運動就是這樣。

如果經濟上有些餘裕，就可從收入中撥出一定的金額用於健康管理上。

如果本身的工作就是屬於體力方面的勞動，且自己身體也很健康的話，當然可以把收入用在其他方面。像體力勞動之後身體會感到勞累，這時便設法讓身體休息，或者補足營養等。

想保持健康的生活，首先要有做健康投資的思想準備，這是第一步。

3 將一定的時間花在運動上

有人並不主張在鍛鍊身體上花錢，這也是自然的想法，於是就需要第二種做法。在不花錢運動的原則下，便只有朝時間方面下一些功夫了。

如果經濟上不寬裕，就得妥當安排時間。例如比別人早起床，做三十分鐘左右的運動，或是在週末多用些時間做跳繩、體操等不需要花錢的運動。

由於這類運動較單純，很容易使自己的運動計畫虎頭蛇尾，若能邀集一些朋友一同來鍛鍊，就能從中體會到樂趣了。像夫婦一起做運動，或舉辦家庭運動會等，都是很好的方法。

若經濟上吃緊，可在一天中抽出一些時間來做身體鍛鍊，或是下班後與家人、朋友共同做些身體活動，從而相互督促和幫助，同感運動之樂。

以上是有關健康生活基本思考方法的第二步。

4 積極地為增強體力做投資

若是等到察覺自己身體已經不好了，才開始體認到鍛鍊身體、維持健康的必要性，便是亡羊補牢了。如果身體狀況明顯不良，就說明健康主動權已不在自己手上了。

我們可以把健康問題看作是經濟存款，欲做好工作就要具備一定的體力，若想在將來發展更大的事業，就更需要健康的體魄。眼前雖有足夠的體力，但為了將來事業打拚，必須進一步增強和積蓄體力。

有趣的是，有時做一些與職業完全相反的事，反而能對身心和健康產生有益的效果。譬如，作家或演說家等依靠腦力維生的人，如果平時能夠做些體力活動的話，反而會在工作上產生良好效果。頭腦靈活不只是在文字性的鍛鍊，實際上越是增強體力，腦力也會隨之變得更活躍。

有些人感嘆自己不是讀書的料。但不能把眼睛的好壞、頭腦的機能作為全部的理由，還應該檢查一下自己的身體狀況是否總顯得很疲勞、很嬌弱，應該認真看一看自己是不是借款型的體質。

自己是不是身體虛弱得總怕被別人傳染疾病？是否覺得自己對疾病不具抵抗力？是否對自己的健康狀況沒有自信？應該問一問自己：難道不想以健康的面貌出現在眾人面前嗎？

我也有過類似的經歷，才體會到鍛鍊體力能夠促進腦力活動。在鍛鍊腕力、腿力時，意外地也能使腦力得到增強。我認為腦力衰退是由於身體的疲勞度提高的結果。

在現代社會中，使用腦力為主要工作的人，其體力會比較虛弱。反之，做體力勞動的人在腦力上又會顯得比較單純。這種現象常讓人感到困惑，人們往往過於偏重單方面，想兩全其美卻又很難。

腦力勞動者若能在休息時做一些體能活動，定能在一定程度上提高工作效率。這樣說不是鼓勵做過度的運動，而是強調至少應該間隔一段時間做一定次數的運動，來解決健康問題。

想要過少病健康的生活，至少應該一個星期做一次運動，這是最低條件，也是少病的祕訣。

若是一星期能做兩次身體運動，就有可能將體力維持在平均水準之上，若能做三次以上，就能使自己變成一個積極思考的人。

發展事業和工作不能缺少體力。如果沒有體力，在觀察事物時便容易產生悲觀的情緒，甚至出現逃避現實的傾向。譬如，對各種事物總是做負面的猜測，無意中自己成了一個失敗預言家，使自己無法逃脫失敗的陰影，因而忽視眼前的絕佳機會，輕易地錯失良機。

在困難面前，如果自己有足夠的體力將是值得慶幸的。為開闢未來，積極地以增強體力做投資，這個行為本身即是善。

我以前在商社做職員的時候，曾習慣將每個月薪水的十分之一用來買書。當時只注重在腦力上做鍛鍊，因此身體很虛弱，容易感到疲勞。後來，在大庭廣眾面前講演的機會越來越多，使我深深感覺到，容易疲勞的身體很難為人類幸福多做貢獻。

當我明白了這個道理後，便立即實踐，即使工作再忙也不忘鍛鍊身體。工作越是緊張，反而越是做些高強度的身體鍛鍊。別人會說這樣做只是增加身體的疲勞，但結果卻獲得了高效益，我既在工作中達到了高度集中的效果，同時又增強了體力。

人容易走向極端。使用頭腦者不願對體力投資，使用體力者不願對頭腦投資，這是普遍的傾向。即使自己的理想是在某一層面上，也應該在另一方面樹立一定的目標，這會對整體發展產生積極的作用。

不論從事哪方面的工作，即使取得了一定的成功，也應該從相反的一方吸收營養，把自己推向新的階段，這樣做也許就可以說是比較完美的生活方式了。

5 預防疲勞的方法

健康生活的另一個祕訣：預防疲勞。

人的煩惱大部分來自疲勞。如果自己在早起時感到頭腦清醒，早餐吃得津津有味，有這樣健壯的身體，即使遇到了問題也能夠清晰明快地解決。

相反地，早上起來頭腦就不清醒，飯菜吃得不香，心情不愉快，如果是這種體質的話，遇到了問題就會把問題看得過大、過難，變得優柔寡斷。

也就是說，預防疲勞能夠對消解煩惱產生積極的作用。

預防疾病有許多具體方法，若從生理上著眼，就應該讓身體在必要時休息，這能提高工作效率。

一般人的注意力在集中一個小時後就會變弱。即使集中力高的人也不過是兩、三個小時而已。三個小時過去之後，集中力就會明顯急劇地下降。

如果從早到晚一直都在做事務性工作，工作效率下降是理所當然的。從工作效率上來講，一天連續做十二個小時以上的書面工作是很勉強的，其中包含著許多幾乎無效的部分。

無論怎樣努力，都很難長時間維持高度的注意力，這是首先要知道的。因此，持續工作兩、三個小時之後就可以稍做休息，如果吝惜這十分鐘、十五分鐘的休息時間，就會在實際當中浪費了後面更多的工作時間。

休息也需要努力。

休息的內容可以是喝茶、和同事們說說笑話等，讓精神放鬆。總之，原則是得保證在身體最佳的狀態下做最重要的工作。

不少人總喜歡把最重要的工作耽擱到天黑後才開始處理，這樣做是利少弊多。

一般來說，傍晚是人最容易感覺疲勞的時候，在這樣的時間做重要的工作，不能說是好方法。

如果是天黑後才下班的話，可以把一些單純性質的工作留到後面來做，需要在這些細節上用心。

我認為，想保持一個小時的高度集中力，至少需要用五分鐘來做調整。五十五分鐘集中精神工作，就需要用五分鐘來緩解神經。

另一方面，在休息時間裡要讓身體達到真正的休息狀態。

在工作時要保持精神集中，還必須對身體的兩個部位特別加以注意。

第一是腰部，因為腰痛會導致集中精神的能力喪失。平時可以做做體操、鍛鍊腰部的力量，也可以躺下身來減輕腰部的負擔。

再者是腳部，腳掌的面積不大，卻要支撐人體幾十公斤的體重。通常人持續站立一個小時以上就會感到非常疲累，有些職業必須站立好幾個小時，這就需要考慮如何才能減輕腳部的重量負擔。

此外，眼睛也不能忽視。眼睛疲勞自然會影響到頭腦和腸胃的功能，這種不良影響容易造成對待事物表現出神經質，或者產生被害妄想的傾向。因此，需要在工作中儘量減輕眼睛的疲憊感。

你可以從很多方面來保護眼睛。譬如，注意維持一定的照明亮度、讓眼睛與桌面保持二十公分以上的距離、讀書時儘量避免長時間閱讀小字等等。

從長遠來看，在小環節上稍下功夫，必定會對眼睛有所助益。眼睛是知性生活必經的關口，既要充分地使用，又要儘可能地減輕其疲勞。

當然，眼睛和其他身體部位皆相同，在使用了一定時間後應該緩解緊張的眼部肌肉，達到休息的目的，以利未來長時間的使用。

不要廢寢忘食緊張地用眼，應該每隔一小時左右就讓眼睛稍做休息，使眼睛能夠長時間工作而沒有疲勞感。

預防疲勞，可從儘可能減輕腰和足部的負擔、用休息來調整眼力開始。

後記

在此，我想來談本書內容的構成經過。

本書的第五至第十章，是月刊《幸福科學》一九八九年七月號至十二月號中，連續六次所刊載的內容。在這連載當中，包含了「工作與愛」（第五章）的內容，對此受到各方面非常大的迴響。

於是我開始感覺到，我必須對於「心的修行者應該如何思考『工作的問題』」，提出自己的答案才行。雖然人們可用二分法思考，把工作歸為工作，心歸為心，如此分開思索，實際上，現今有眾多人們亦是抱持如此心態。然而，我認為必須站在「工作與心的問題，絕對無法切割。本來兩者即為一體，只是呈現方式不同而已」之立足點，進而論述「工作論」。

因此，我為此特別新寫下第一至第四章的內容，並整理出版成冊。

我衷心盼望，藉由本書問世，能使眾多新時代的商業理論得以開花結果。此外，為了眾多讀者，我也希望今後若有機會，此類書籍能再接連問世。總之，我非常高興能從「工作與愛」的主題獲得啟發，進而歸納整理出此書。期盼本書能獲得各位的喜愛。

幸福科學集團創立者兼總裁　大川隆法

一九九〇年　一月

HAPPY SCIENCE

幸福科學集團介紹

幸福科學透過宗教、教育、政治、出版等活動，以實現地球烏托邦為目標。

幸福科學

一九八六年立宗。信仰的對象為地球靈團至高神「愛爾康大靈」。幸福科學信徒廣布於全世界一百多個國家，為實現「拯救全人類」之尊貴使命，實踐著「愛」、「覺悟」、「建設烏托邦」之教義，奮力傳道。

愛

幸福科學所稱之「愛」是指「施愛」。這與佛教的慈悲、佈施的精神相同。信眾透過傳遞佛法真理，為了讓更多的人們能度過幸福人生，努力推動著各種傳道活動。

覺悟

所謂「覺悟」，即是知道自己是佛子。藉由學習佛法真理、精神統一、磨練己心，在獲得智慧解決煩惱的同時，以達到天使、菩薩的境界為目標，齊備能拯救更多人們的力量。

建設烏托邦

我們人類帶著於世間建設理想世界之尊貴使命，而轉生於世間。為了止惡揚善，信眾積極參與著各種弘法活動。

入會介紹

在幸福科學當中，以大川隆法總裁所述說之佛法真理為基礎，學習並實踐著「如何才能變得幸福、如何才能讓他人幸福」。

入會

想試著學習佛法真理的朋友

若是相信並想要學習大川隆法總裁的教義之人，皆可成為幸福科學的會員。入會者可領受《入會版「正心法語」》。

三皈依誓願

想要加深信仰的朋友

想要做為佛弟子加深信仰之人，可在幸福科學各地支部接受皈依佛、法、僧三寶之「三皈依誓願儀式」。三皈依誓願者可領受《佛說・正心法語》、《祈願文①》、《祈願文②》、《向愛爾康大靈的祈禱》。

幸福科學於各地支部、據點每週皆舉行各種法話學習會、佛法真理講座、經典讀書會等活動，歡迎各地朋友前來參加，亦歡迎前來心靈諮詢。

台北支部精舍
台北市松山區敦化北路 155 巷 89 號

幸福科學台灣代表處
台北市松山區敦化北路 155 巷 89 號
02-2719-9377
taiwan@happy-science.org
FB：幸福科學台灣

幸福科學馬來西亞代表處
No 22A, Block 2, Jalil Link Jalan Jalil Jaya 2,
Bukit Jalil 57000, Kuala Lumpur, Malaysia
+60-3-8998-7877
malaysia@happy-science.org
FB：Happy Science Malaysia

幸福科學新加坡代表處
477 Sims Avenue, #01-01, Singapore 387549
+65-6837-0777
singapore@happy-science.org
FB：Happy Science Singapore

工作與愛 超級菁英的條件

仕事と愛 スーパーエリートの条件

作　者／大川隆法
翻　譯／幸福科學經典翻譯小組
封面設計／Lee
內文設計／顏麟驊

出版發行／台灣幸福科學出版有限公司
104-029 台北市中山區中山北路三段 49 號 7 樓之 4
電話／02-2586-3390　傳真／02-2595-4250
信箱／info@irhpress.tw
法律顧問／第一法律事務所　余淑杏律師

總 經 銷／旭昇圖書有限公司
235-026 新北市中和區中山路二段 352 號 2 樓
電話／02-2245-1480　傳真／02-2245-1479

幸福科學華語圈各國聯絡處／
台　灣　taiwan@happy-science.org
地址：台北市松山區敦化北路 155 巷 89 號（台灣代表處）
電話：02-2719-9377
官網：http://www.happysciencetw.org/zh-han
香　港　hongkong@happy-science.org
新 加 坡　singapore@happy-science.org
馬來西亞　malaysia@happy-science.org
泰　國　bangkok@happy-science.org
澳大利亞　sydney@happy-science.org

書　號／978-626-95395-3-6
初　版／2021 年 11 月
定　價／380 元

國家圖書館出版品預行編目（CIP）資料

工作與愛：超級菁英的條件／大川隆法（Ryuho Okawa）作；幸福科學經典翻譯小組翻譯. -- 初版. -- 臺北市：台灣幸福科學出版有限公司，2021.11
240 面；14.8×21 公分
譯自：仕事と愛：スーパーエリートの条件
ISBN 978-626-95395-3-6（平裝）

1. 成功法　2. 思考　3. 生活指導

177.2　　110019601

廣告回信
台北郵局登記證
台北廣字第5433號
平信

IRH Press Taiwan Co., Ltd.
台灣幸福科學出版有限公司

104-029 台北市中山區中山北路三段49號7樓之4
台灣幸福科學出版　編輯部　收

請沿此線撕下對折後寄回或傳真，謝謝您寶貴的意見！

大川隆法
Ryuho Okawa

工作與愛

台灣幸福科學出版有限公司

工作與愛
讀者專用回函

非常感謝您購買《工作與愛》一書，
敬請回答下列問題，我們將不定期舉辦抽獎，
中獎者將致贈本公司出版的書籍刊物等禮物！

讀者個人資料　　**※本個資僅供公司內部讀者資料建檔使用，敬請放心。**

1. 姓名：　　　　　　　　　性別：□男　□女
2. 出生年月日：西元　　　　年　　　　月　　　　日
3. 聯絡電話：
4. 電子信箱：
5. 通訊地址：□□□-□□
6. 學歷：□國小 □國中 □高中／職 □五專 □二／四技 □大學 □研究所 □其他
7. 職業：□學生 □軍 □公 □教 □工 □商 □自由業□資訊 □服務 □傳播 □出版 □金融 □其他
8. 您所購書的地點及店名：
9. 是否願意收到新書資訊：□願意　□不願意

購書資訊：

1. 您從何處得知本書的訊息：（可複選）□網路書店　□逛書局時看到新書　□雜誌介紹
   □廣告宣傳　□親友推薦　□幸福科學的其他出版品　□其他
2. 購買本書的原因：（可複選）□喜歡本書的主題　□喜歡封面及簡介　□廣告宣傳
   □親友推薦　□是作者的忠實讀者　□其他
3. 本書售價：□很貴　□合理　□便宜　□其他
4. 本書內容：□豐富　□普通　□還需加強　□其他
5. 對本書的建議及觀後感
6. 您對本公司的期望、建議…等等，都請寫下來。

IRH Press Taiwan Co., Ltd.
台灣幸福科學出版有限公司